D1724043

Das K. O. Schmidt-Jahrbuch

Band I

herausgegeben von
Manuel Kissener

Manuel Kissener
(Herausgeber)

DAS K. O. SCHMIDT-JAHRBUCH

BAND I

Eine Sammlung von Aufsätzen
K. O. Schmidt's aus den Zeitschriften
»Vivos-Voco«, »Die Weiße Fahne« und
»Zu freien Ufern«

Band I: Jahrgang 1953–1968

DREI EICHEN VERLAG

Die Deutsche Bibliothek – CIP-Einheitsaufnahme

Schmidt, Karl O.:
Das K.-O.-Schmidt-Jahrbuch / Manuel Kissener (Hrsg.). –
Ergolding : Drei-Eichen-Verl.
NE: Kissener, Manuel [Hrsg.] ; Schmidt, Karl O.;
[Sammlung] ; HST
Bd. 1. Eine Sammlung von Aufsätzen K. O. Schmidts aus den
Zeitschriften »Vivos-Voco«, »Die Weisse Fahne« und
»Zu freien Ufern«. –
Bd. 1. Jahrgang 1953 – 1968. – 1. Aufl., 1.–3. Tsd. – 1992
ISBN 3-7699-0525-3

ISBN 3-7699-0525-3
Verlagsnummer: 525
© by Manuel Kissener
© dieser deutschen Auflage by Drei Eichen Verlag 1992
Nachdruck, auch auszugsweise, die fotomechanische Wiedergabe,
die Bearbeitung als Hörspiel, die Verfilmung und Übertragung durch
Rundfunk und Fernsehen sowie auf Daten- und Tonträger
dieser und der nach ihr hergestellten Fassungen bedürfen der
schriftlichen Genehmigung des Drei Eichen Verlages.
1. Auflage, 1.–3. Tausend 1992
Umschlagentwurf: Manuel Kissener
Satz: Fotosatz-Service Weihrauch, Würzburg
Druck und Bindung: Ebner Ulm

Inhalt

Vorbemerkungen des Herausgebers

Mit Heft 03/63 (Zu freien Ufern) beendete K. O. Schmidt einen Zyklus von Aufsätzen, der beginnend mit dem ersten Aufsatz bis dahin ein immer abwechslungsreiches Themenfeld bot.

Ab Heft 04/63 begann er mit einer Reihe von Aufsätzen, die später in Buchform erschienen sind. Dieser Zyklus endet mit Heft 12/67. Aus diesem Grunde wurde in dieser Aufsatzsammlung K. O. Schmidt's auf die Wiedergabe der Aufsätze in diesem Zeitraum verzichtet. Die Aufsätze ab dem Heft 01/68 sind wieder fortlaufend in chronologischer Reihenfolge in diesem, wie auch in den folgenden Büchern der K. O. SCHMIDT – JAHRBÜCHER nachzulesen.

Manuel Kissener

Vorwort des Herausgebers:

Wer war K. O. Schmidt?
Eine kleine Biographie

K.O. Schmidt gehört neben Norman Vincent Peale und Dr. Joseph Murphy zu den Klassikern und Begründern des *neuen positiven Denkens.*

Er war der Verfasser von über 100 Büchern, mit denen er als Lebensphilosoph und Lebensberater hervortrat. Seine Bücher und Schriften über Fragen der Willens-Schulung, der Selbst- und Lebensvervollkommnung, der Entspannungs-, Konzentrations- und Meditations-Praxis sowie der praktischen Mystik, des Todes und des »Lebens danach« erreichten Gesamtauflagen von mehreren Millionen Exemplaren.

Der am 26.1.1904 geborene Autor war auch Herausgeber, Schriftleiter und freier Mitarbeiter verschiedener, einschlägig bekannter Fachzeitschriften wie *JA, Vivos Voco, Die weiße Fahne, Zu freien Ufern* und *Esotera.*

Einen Großteil seiner Jugend verbrachte er in Flensburg, wo er zur Schule ging und zwei Berufe erlernte: Buchhändler und Verwaltungsfachmann. Danach war er von 1925 an als Verlagsbuchhändler im Baum-Verlag tätig, bis er 1941 durch die Gestapo verhaftet wurde. Nach seiner Entlassung aus dem KZ Welzheim wirkte er in verschiedenen Ämtern u. a. als Stadtbibliothekar bei der Stadtverwaltung seiner neuen Wahlheimat Reutlingen bis 1970, wo sein Wirken schon fast zur Legende wurde.

Seine Erfahrungen um die Unvergänglichkeit des inneren Wesenskerns des Menschen und die Berührung mit dem »Inneren Licht« bestimmten die Richtung seiner schriftstellerischen Arbeit, die um die zentralen Themen der Lebensmeisterung kreisten.

Ab 1930 war er u. a. der deutsche Vertreter des Internationalen Neugeistbundes und weiterer Internationaler Organisationen, die sich auch mit der »inhaltlichen Annäherung« der Religionen befaßten. Wohl ausschlaggebend für seine dortigen Tätigkeiten waren Berichte über das Wirken und Wollen *Vivekanandas* auf dem ersten *Parlament der Religionen* 1893.

1970 wurde er in das Präsidium der *Liga für universale Religion,* 1972 auch in den Vorstand der *Freien Christlichen Volkskirche* in Deutschland berufen.

Im selben Jahr wurde er auf Vorschlag des damaligen Ministerpräsidenten von Baden-Württemberg Filbinger durch Bundespräsident Heinemann am 13. März für seine Verdienste als Schriftsteller mit dem Verdienstkreuz am Bande des Verdienstordens der Bundesrepublik Deutschland ausgezeichnet. Sein Heimgang am 21.12.1977 hat nicht nur bei den Organisationen und Verlagen, für die er tätig war, eine schmerzliche Lücke gerissen.

K. O. Schmidt war ein »stiller Besessener«, der

aus der Weisheit der Jahrtausende schöpfte und diese für den heutigen Menschen umzusetzen verstand, ein Dolmetscher und ein aus der Erfahrung seiner lebensberatenden Tätigkeit gewachsener, eigene Gedanken entwickelnder praktischer Psychologe zugleich, der durch seine Schriften vielen suchenden Menschen auf ihrem Lebensweg half und auch weiterhin hilft. Der Journalist E. A. Graf in Münster schrieb einmal über ihn:

»... still und gelassen, doch mit nie versiegender literarischer Fruchtbarkeit auf eine weit verstreute Leserschaft einwirkend, spendete K. O. Schmidt in seinen erschienenen Lebensbüchern Geistesfrüchte, die er nicht hastig am Wegesrand aufgelesen, sondern in weit umgreifenden Studien außerhalb akademischer Trampelpfade sich erarbeitet und danach für den Leser ›eingängig‹ gemacht hat . . . Mit seinen Schriften gab er *Rezepte zum Überleben,* wobei Überleben bei K. O. Schmidt eben nicht passives Vegetieren am Rande der Erschöpfung heißt, sondern bewußt und starkmütig gehaltener Standpunkt bedeutet.«

Manuel Kissener

Glaube des Herzens – Wissen der Seele

(Die Weiße Fahne 05/54)

Unmöglich fast scheint es, den Gewißheiten Ausdruck zu verleihen, die im Gott-Erwachten auf dem Wege zu Höhen der Gottheits-Unmittelbarkeit Schritt für Schritt lebendig werden. Wenn dieser Versuch dennoch gewagt wird, und diese Worte in Deinem Herzen Echo finden, dann deshalb, weil der Glaube unseres Herzens aus dem Brunnen der Weisheit unserer göttlichen Seele schöpft und weil alles Erkennen im Letzten ein Wiedererkennen ist – ein Erinnern von ewig Gewußtem.

Kein Bekenntnis also ist das *Ich Glaube* des Gottversunkenen, sondern schlichter Ausdruck der Wahrheits-Erkenntnis der gotterwachten Seele:

»Ich glaube an den Geist des Lebens, den göttlichen Grund allen Seins und aller Kraft, der in mir ist wie über mir und sich allem Sein immerwährend offenbart und verwirklicht,
und an das Gute als das Ewige, das immer wieder aus dem Meer des Leides siegend aufsteigt und alle Unvollkommenheit fortschreitend in Vollkommenheit verwandelt,
und an meine Berufung, dem Guten als dem Göttlichen zu folgen; allem was lebt, Hüter und Helfer zu sein und durch mein täglich' Tun meine Gott-Gewißheit zu erweisen.« –

»Ich glaube an die ewige Liebe, die in allem Le-

bendigen waltet und wirkt, daß alles, was geschieht, lichtwärts weist und – gut ist, und an die Erlöserkraft der Hingabe, wie groß des Menschen Schuld auch sei,
und an die Freude als aller Wesen höchste Bestimmung.« –

»Ich glaube an das Leben, in dessen Gottes-Grund ich eingebettet bin
und an den Reichtum des Lebens und die Fülle des Geistes, deren Eigner ich als Kind des Ewigen bin.« –

»Ich glaube an die Geistigkeit der Welt und an die stufenweise Gott-Entfaltung alles Lebenden in allen Reichen des Seins,
und an die fortschreitende Vollendung und Vergöttlichung des Menschen, der, Geist vom Geiste Gottes, berufen und befähigt ist, vollkommen zu werden, wie die Gottheit vollkommen ist.« –

»Ich glaube an den Gott in meiner Seele – den Gottheits-Funken, der, ewig im endlosen Wechsel der Dinge, über Zeit und Formen thront und allein wirklich ist,
und an den Weg nach innen, auf dem jeder, der wahrhaft will, zum Einssein mit dem Gott in ihm und mit der Gottheit über ihm gelangt,
und an die Stimme des Gewissens als an den Willen Gottes in mir, der mich stets das Rechte wählen, wollen und wirken läßt.« –

»Ich glaube an die kommende Geburt Gottes in mir, durch die ich selbst zu Gott verwandelt werde, und an die unaufhörliche Hilfe von innen, die jeden umwelt- und schicksals-überlegen macht, der, seinem inneren Gottfreund folgend, wagewillig seinen Weg geht und sieg-gewiß sich selber hilft.« –

»Ich glaube an meine innere Kraft, die gott-entsprungen, mich befähigt, das Unmögliche zu wagen und das Gute zu mehren, dem Bösen zu wehren und das Leben zu meistern,
und an die Freiheit des Willens und meine Selbstverantwortung für all mein Denken und Tun für mein Geschick,
und an meine Gott-Geborgenheit – was immer ich auch wage und wo immer ich den Kampf des Lebens kämpfe.« –

»Ich glaube an die Gottheit – den unbewußten Seelen- und Weltengrund, die ursachlose Ursache alles Gewordenen und das letzte Ziel allen Werdens,
und an die Gott-Unmittelbarkeit meines unvergänglichen Selbstes, das mich immerfort treibt, in der Suche des Ewigen nicht zu ruhen, bis ich in das Herz der Weltengottheit heimgelangt und mit ihr völlig eins bin!«

Fürwahr: Dem ist nichts ungewiß, dem dieser Glaube eignet!

Bittet, so wird euch gegeben!

(Die Weiße Fahne 02/56)

»Bittet, so wird euch gegeben; suchet, so werdet ihr finden; klopfet an, so wird euch aufgetan. Denn wer da bittet, der empfängt; und wer da suchet, der findet; und wer da anklopfet, dem wird aufgetan.«

Das ist eines der großen Meisterworte, die nur ein Vollendeter uns geben kann, ein Wort, das den Kern der modernen Gedankendynamik birgt.

Wer Trost sucht, wer Hilfe braucht, wer etwas ersehnt, der suche es nicht außer sich, bei anderen Menschen, sondern bei dem einzig verläßlichen Helfer: dem Gott in ihm. – Nur er kann helfen. Wo seine Mitwirkung fehlt, bleibt der Erfolg ungewiß. »Denn ohne mich könnt ihr nichts tun«, sagt der Christus in uns (Joh. 15, 5), »so ihr aber in mir bleibet und meine Worte in euch, möget ihr bitten, was ihr wollt, und es wird euch widerfahren« (Joh. 15, 7), und an anderer Stelle: »Wen da dürstet, der komme zu mir und trinke! Wer an mich glaubt, von des Leib werden Ströme lebendigen Wassers fließen«, dem werden spirituelle Energien eigen, die stärker sind als alle grob-sinnlichen Kräfte.

Diese Kraft ist in uns! Alles was wir ersehnen, bekommen wir nur durch die innere Kraft. Alles was wir suchen, finden wir nur durch den Christus in uns. Immer wenn wir richtig anklopfen, öffnet uns der Gott in uns. Außer dem Christus in uns ist kein

Heil! – Das meinen auch die Mystiker, wenn sie uns zurufen:

> *»Halt an, wo läufst du hin, der Himmel ist in dir; Suchst du ihn anderswo, fehlst du ihn für und für!«*

Ebenso meint es auch der Weise, wenn er uns ermahnt: »Wir wollen nie vergessen, daß die höchste Lebensweisheit darin besteht, daß wir uns unserer wesentlichen und wirklichen Einheit mit dem Göttlichen ununterbrochen bewußt bleiben, und daß wir zu dem Höchsten und Besten, was das Leben für uns in Bereitschaft hat, nur dann den Zugang finden, wenn wir uns für die göttliche Macht so offen halten, daß sie in uns und durch uns wirken kann und wir zugleich die Leitung bilden, durch die der Strom ihrer Kraft sich auch auf unsere Brüder überträgt.«

Wer sich seiner Harmonie mit dem Unendlichen bewußt ist, dem wird nichts mangeln. Er braucht nicht zu betteln, sondern das Ersehnte nur recht zu bejahen. Er braucht nicht zu entsagen, sondern nur recht zu wünschen. Er braucht kein Unglück ergebungsvoll hinzunehmen, sondern nur das Bessere zu bejahen und seine Schritte darauf hinzulenken. Er braucht nicht zu zweifeln: »Vielleicht ist das Gute, das ich ersehne, nicht Gottes Wille?«, sondern braucht Gott nur vertrauensvoll als den himmlischen Vater zu bejahen, der immer sein Bestes will und ihm das, was er gläubig bejaht, gewährt. Er braucht nur anzuklopfen, dann wird die Tür schon geöffnet. Aus der Hingabe an den Gott in uns wird uns die Erfüllung, die Fülle.

Auch bei unserem Beten und Bejahen wirkt sich das Gesetz des Ausgleichs aus. Auch hier wird der Erfolg entschieden durch unsere Einstellung, unsere Beharrlichkeit, unser Vertrauen auf die Innenkraft.

»So ihr Glauben habt wie ein Senfkorn – so möget ihr zu dem Berge sagen: Hebe dich weg von hier! So wird er sich heben und euch wird nichts unmöglich sein!« (Math. 17, 20).

Und noch einmal »Alles um was ihr bittet im Gebet, so ihr glaubet, werdet ihr es empfangen!« (Math. 21, 22).

Wenn wir Glauben haben, können wir die Werke tun, die Christus tat, ja größere denn er, wie er verheißt.

Nur weil uns dieses Vertrauen, dieser Glaube an die Kraft in uns fehlt, sind wir schwach und erfolglos. Nur darum bleibt uns die Hilfe Gottes in uns versagt, ebenso wie jenen Nazarenern, bei denen Christus »keine Wunder wirkte um ihres Unglaubens willen«, weil eben auf ihrer Seite die vertrauende Bereitschaft fehlte, sich wirklich helfen zu lassen. Jedem geschieht nach seinem Vertrauen! Wir werden und erhalten immer das, was wir herzdenkend, vertrauend bejahen!

Darum bejaht der Jünger Christi: »Ich bin stark, denn die Kraft ist in mir! Ich bin gesund, denn Christus ist in mir! Ich bin reich, denn die Fülle ist in mir! Ich bin vollkommen, denn Gott ist in mir!«

In dieser Bejahung liegt der Schlüssel zur Freiheit von jeglicher Schwäche und Unzulänglichkeit, von leiblichen, seelisch-geistigen, wirtschaftlichen und sonstigen Fesseln, und zur Erlangen von allem, was wir ersehnen und für unseren gottgewollten Fortschritt und Aufstieg zu den Höhen des Lebens brauchen.

---

siehe hierzu auch mein Buch »DIE RELIGION DER BERGPREDIGT – als Grundlage rechten Lebens« (Drei Eichen Verlag)

Die Religionen und die Tiere

(Die Weiße Fahne 12/56)

Eine oft gestellte Frage ist die, warum die christliche Lehre so wenig Positives über die Stellung des Menschen zum Tier aussagt und warum Tierschutz und Tierliebe, obwohl sie Selbstverständlichkeiten sind, in der Christenheit immer neuer Rechtfertigung und Verteidigung bedürfen?

Kein Geringerer als Schopenhauer beklagte, daß das Christentum die Tiere vergessen habe. Gewiß spricht das Kirchenchristentum von der nach Erlösung seufzenden Kreatur, aber praktisch meint es nicht eine universelle Erlösung, sondern nur die des Menschen. Die Religionen des Ostens denken hier universeller: Von der Tatsache der Einheit von Mensch und Tier ausgehend, die beide in gleicher Weise den Gesetzen des Lebens, des Karma und der Wiederkehr unterworfen sind, bejahen sie die Erlösung für beide und damit auch die Aufgabe des Menschen, für die Minderung des namenlosen Leidens seiner jüngeren Brüder, der Tiere, Sorge zu tragen und für deren Erlösung mit der gleichen Hingabe zu wirken wie für das eigene Glück und die eigene Vollendung.

Nun besteht der dem Christentum zugeschriebene Mangel jedoch in Wirklichkeit nicht, bezieht sich Christi Forderung »Du sollst nicht töten!« doch auf alle lebenden Wesen. Die Stellung Christi zum Tier habe ich um jeden Zweifel hierüber auszuschließen in meinem Buch »DIE RELIGION DER BERGPREDIGT« (Drei Eichen Verlag) klar und deutlich umrissen. Dort heißt es in Erläuterung einzelner Bergpredigt-Worte:

»Wir sollen alle Wesen – und damit meinte Christus nicht nur die Menschen, sondern auch die Tiere – als Brüder erkennen; denn in jedem lebt ein Funke des gleichen göttlichen Urlichts.«

»Vergessen wir auch nicht, daß das ›Gib dem, der dich bittet!‹ sich nicht nur auf unsere Mitmenschen bezieht, sondern gleichermaßen auf unsere jüngeren Brüder, die Tiere, die noch mehr als die Menschen unseres Schutzes und Beistandes bedürfen.«

»Die Tiere sind jene ›geringsten Brüder‹ von denen Christus sagte, daß wir das, was wir für sie tun, zugleich für ihn tun. In mehr als einem apokryphen Wort sprach Christus von den Tieren, die auf die Leiderlösung durch uns Menschen warten. Er wußte, daß die Tiere noch empfänglicher und dankbarer für jede Guttat und Hilfe sind als wir Menschen, wie es noch jeder erfuhr, der im Tier den Bruder sah und ihm nicht mit Gleichgültigkeit, sondern mit Liebe begegnete.«

Auerbach gab einer fundamentalen Wahrheit Ausdruck, als er erkannte: »Der untrüglichste Gradmesser für die Herzensbildung eines Menschen ist, wie er die Tiere betrachtet und behandelt.«

»Wenn du nicht selbst einem Tier ein Heim bei

dir geben kannst, dann hilf dem Tierschutz, das namenlose Leiden der Tiere zu mindern und die Ehrfurcht vor allem Lebendigen und hier vor allem die Tierliebe zu einem entscheidenden Charakterzug deines Volkes zu machen ... Verschließe dein Ohr und dein Herz nicht der Bitte der Tiere, die dich als ihren älteren Bruder im Namen der göttlichen Liebe anflehen, ihnen beizustehen, wo immer du kannst!« Wenn Du so handelst, wird sich das Wort Buddhas in deinem Leben bewahrheiten: ›Wer gegen Tiere barmherzig ist, den wird der Himmel beschirmen. Wer zu ihrer Erlösung vom Leiden beiträgt, indem er ihnen Gutes erweist, der wird selbst der Leidbefreiung teilhaftig werden.‹

»Wenn wir alle Wesen, Mensch und Tier, mit gleicher Liebe umfassen, ohne Ausnahme und Unterschied, sind wir wahre Söhne Gottes. Durch unsere Liebe beweisen wir unsere Gotteskindschaft; denn wo die Liebe fehlt, da fehlt auch alles übrige.«

»Nicht nur die, die neben uns und uns gleich sind, sollen wir lieben, sondern auch die, die über uns sind und noch mehr jene, die unter uns stehen, unsere Brüder, die Tiere.

In einem Christuswort heißt es: ›Mensch, was schlägst du dein Tier! Wehe euch, die ihr nicht hört, wie es zum Schöpfer im Himmel klagt und um Erbarmen schreit. Dreimal wehe aber über den, über welchen es in seinen Schmerzen schreit und klagt! Schlage es niemals mehr, damit du Erbarmen findest!‹

Die Liebe zu den Tieren kann geradezu ein Prüfstein der Liebe sein: Wer das Gefühl der allerbarmenden Liebe für die hilf- und schutzlosen Tiere nicht kennt, wer nicht in Wort und Tat für die Hilfe am Tier eintritt und sie selbst übt, der ist noch fern von wahrer Liebe.«

»Wer Christentum in sich gefunden hat, dessen Liebe hat keine Grenzen mehr: Er weiß sich eins mit dem göttlichen Leben in allen, ob Freund oder Feind, Hoch oder Niedrig, Mensch oder Gott, Stern oder Stein, Pflanze oder Tier.«

»Wenn wir uns als Kinder Gottes erkennen und bejahen, werden wir noch bewußter und williger als vorher nicht nur unseren Kindern, sondern auch unseren Brüdern und Schwestern, also allem was lebt, Menschen und Tieren, unsere Hilfe zuteil werden lassen. Und wir werden dann erfahren, daß uns von unserem göttlichen Vater alles, was wir anderen geben, hundertfältig vergolten wird, so daß die Fülle um so größer wird, je freudiger wir anderen geben und ihnen beistehen.«

Diese Worte zeigen, daß für das Tatchristentum die Liebe zu den Tieren ebenso selbstverständlich ist, wie die zu den Mitmenschen. Wenn sich das Kirchenchristentum noch nicht überall zur uneingeschränkten Bejahung des Grundsatzes der Ehrfurcht vor dem Leben, der Tierliebe und des Tierschutzes durchgerungen hat, kann uns das nur Verpflichtung sein, um so eindringlicher darauf hinzuweisen, daß Christus auch die Tiere in das Gebot der Liebe einbezogen hat und daß viele Kirchenväter und Päpste dieser Haltung in Wort und Tat Ausdruck gegeben haben.

Für die Haltung des Protestantismus sollte Luthers Einstellung zu den Tieren maßgebend sein: ›Wenn Gott gerecht sei, müsse auch das Tierleid durch einstige Freuden aufgewogen werden.‹ Darum war er überzeugt, daß ›auch die Tiere in den Himmel kommen und daß jede Kreatur eine unsterbliche Seele hat‹.

Zusammenfassend ist zu sagen, daß die franziskanische Haltung zum Tier und damit zur Tierliebe und zum Tierschutz dem innersten Wesen des Christentums gerecht wird, weshalb jene, die das Tier als Sache werten und ihm weder Verständnis noch Hilfsbereitschaft entgegenbringen, sich nicht Christen nennen sollten.

Der Buddhismus verbietet ohne Ausnahme das Töten lebendiger Wesen. »Alle Wesen, ohne Unterschied, möge eure Liebe und euer Erbarmen umfassen«, forderte Buddha, der das Leid der Tiere wie eigenes Leid empfand. Er pflegte das Gefühl der Liebe zu allen Wesen, gleich als seien sie sein einzig' Kind, heißt es von ihm.

»Auf der Bergeshalde verweilend, zog ich Löwen und Tiger durch die ›Kraft der Liebe‹ zu mir. Von Löwen und Tigern, von Panthern, Bären und Büffeln, Antilopen, Hirschen und Ebern umgeben weile ich im Walde. Kein Wesen erschrickt vor mir, und auch ich fürchte mich vor keinem Wesen. Die

Kraft der Güte ist mein Halt!« – So sprach Buddha, der nie ein Wesen getötet hat, nicht einmal eine Ameise, weil er auch mit dem geringsten Wesen gleiches Erbarmen hatte wie mit dem Höchsten: »Zu denen ohne Füße habe ich Liebe, zu den Zweifüßlern, zu den Vierfüßlern und zu den Vielfüßlern habe ich Liebe. Die Wesen alle mögen glücklich leben, und keines mög' ein Übel treffen! Mög' unser ganzes Leben Hilfe sein an den anderen!«

Von den buddhistischen Mönchen heißt es: »Da hat der Mönch Lebendiges umzubringen verworfen. Ohne Stock und ohne Schwert, fühlsam, voll Teilnahme, hegt er zu allen Wesen Liebe und Mitleid; das eben gilt ihm als Tugend.« Die Folge war, daß sie so sehr von Liebe und Milde erfüllt waren, daß ihnen alle Vögel und Tiere zugetan waren und selbst die Wilden Tiere ihnen kein Leid zufügten.

In den heiligen Schriften der chinesischen Buddhisten findet sich folgendes Buddha-Wort: »Wie kann ein System, das über lebende Wesen Leid verhängt, Religion genannt werden? Praktische Religion fordert ein Herz, das voll ist von Erbarmen und Liebe zu allen Geschöpfen.«

Glücklich kann nur der sein und bleiben, der auch die Tiere in seiner Liebe mit einschließt. Nach Buddhas Lehre hat auch die geringste Tat der Barmherzigkeit, etwa die Schonung des Lebens eines Insekts aus Mitleid oder die Fürsorge für hilf-und heimatlose Tiere, ein heilvolleres Karma zur Folge als die Kenntnis aller Weisheiten der Welt.

Der Buddhismus bleibt jedoch nicht bei der Forderung stehen, kein Wesen zu töten, sondern er gebietet positive Liebe und Hilfe gegen alle Geschöpfe. Darum entstanden in Indien die ersten Tier-Krankenhäuser der Welt und noch früher Tier-Zufluchtsheime, in denen schutzbedürftige und kranke Tiere Pflege, Heilung und Hilfe fanden.

Weil das Tier für den Jünger Buddhas auf der gleichen Lebensstufe steht wie der Mensch, nennt er den, der die Tiere leiden läßt einen ›Nächsten-Quäler‹: »Diejenigen, die Tiere schlachten, Vögel oder Wild fangen, auf die Jagd gehen, Fische fangen, Räuber, Kerkermeister und Henker sind Nächstenquäler.«

Deshalb trat der Buddhismus auch der Jagdleidenschaft der Fürsten entgegen, und machte ihnen das Verächtliche und Erbärmliche der Jagd bewußt: »Es gibt keinen triftigen Grund, warum wir anderen Wesen das Leben nehmen könnten, nicht weil es uns nützt oder schadet, nicht auf Befehl der Obrigkeit, nicht aus Hunger und Notwehr, wenn auch die Sündenschuld durch derartige Gründe gemildert werden mag. Das einzige Blut, das wir vergießen dürfen, ist das eigene, wenn die Hingabe unseres Lebens einem Mitgeschöpf zum Heil und zur Rettung gereicht.«

Aus dieser Gesinnung erwuchs das Edikt, das

König Asoka für seinen Hof erließ: »In meinem Bereich darf kein Tier geschlachtet oder geopfert werden!« Er gab dieses Edikt im ganzen Land bekannt, um seine Untertanen anzuspornen, sich freien Willens auf die Tierliebe und eine fleischlose Lebensweise umzustellen. Der Buddhismus zwingt jedoch niemanden, etwas gegen seine Überzeugung zu tun, weshalb Buddha den Verzicht auf Fleischgenuß nahelegte, aber nicht verlangte. Er hielt es für besser, das Übel bei der Wurzel zu packen, wie es heute die Neugeist-Bewegungen tun: Er hilft, in die Herzen der Menschen eine andere, reinere, höhere Gesinnung der All-Liebe hineinzutragen, die es dem Menschen allmählich von selbst unmöglich macht, Tiere zu töten und deren Fleisch zu essen. Nur die Wandlung der Einstellung, der Gesinnung wird solche Umstellung auf reinere, edlere Nahrung bewirken, nur das schrittweise Erwachen zu der von Buddha ausgesprochenen Wahrheit:

»Ein jedes Wesen scheuet Qual,
ein jedes Wesen flieht dem Tod.
Erkenn' dich selbst in jedem Stein
und quäle nicht und töte nicht!«

Es würde zu weit führen, hier in gleicher Weise die Stellung der anderen Weltreligionen zum Tier zu behandeln. Sie gleicht im Grunde der des Buddhismus und des Christentums.

Für die jüdische Religion sind die Worte aus den Sprüchen Salomons richtunggebend: »Der Gerechte versteht die Seelen seiner Tiere, aber das Herz der Gottlosen ist verstockt.« (12, 10) – »Tue deinen Mund auf für die Sache aller, die verlassen sind.« (31, 8).

In den religiösen Urkunden Altägyptens, des Nahen Ostens, Griechenlands, Roms und Germaniens finden wir viele Zeugnisse dafür, daß das Tier als Träger des Göttlichen galt und die Liebe zu den Tieren zu den höchsten Tugenden gerechnet wird.

Zu einem Zitat Swobodas: »Es zuckt ein Lichtstrahl aus jeder Religion, die Freundlichkeit und Güte zu den Tieren zur Pflicht macht«, kann ich feststellen, daß es keine Religion gibt, für die Tierliebe und Tierfürsorge nicht zu den Selbstverständlichkeiten rechten Verhaltens gehört.

Alle Religionsstifter und Heiligen waren Tierfreunde und bejahten die Liebe zum Tier und den Schutz der hilflosen Tiere. Sie sahen – gleich Franz von Assisi – in allen Geschöpfen gleichermaßen Verkörperungen des Göttlichen. Sie fühlten sich mit der Tierseele eins und die Tiere dankten es ihnen durch ihr Vertrauen.

Von vielen Mystikern, Erleuchteten und Vollendeten in Ost und West wissen wir, daß sie zu den Tieren ein brüderliches Verhältnis hatten, weil sie um die innere Einheit von Mensch und Tier wußten, und daß Ehrfurcht vor dem Leben und Barmherzigkeit und Liebe gegenüber den Tieren ihnen für selbstverständlich galt, da Gott im Tier genau so gegenwärtig ist, wie im Menschen. Alle zum kosmischen Bewußtsein erwachten Seelen wissen sich dem Tier gleich innig verbunden wie dem Menschenbruder.

Ähnliches gilt von fast allen Großen der Menschheit, allen genialen Geistern, weshalb man die seelisch-geistige Reife eines Menschen zuverlässig an der Innigkeit seines Verhältnisses zum Tier ablesen kann. Viele Große erlebten Ähnliches wie Immanuel Kant, der berichtet, »... wie er einst eine Schwalbe in Händen gehabt, ihr ins Auge gesehen habe, und wie ihm dabei gewesen sei, als hätte er in den Himmel gesehen«.

Daß die geistigen und religiösen Erneuerungsbewegungen unserer Zeit die Liebe zum Tier und den Tierschutz als selbstverständliche Folge der Ehrfurcht vor dem Geiste und dem Leben bejahen und fordern, bedarf keiner Hervorhebung. Sie alle wissen und lehren folgendes: »Alle Kreatur strebt zum Licht. Der Mensch hat auf der Stufenleiter des Lebendigen die ewige Aufgabe, auch den Wesen unter ihm den Weg zur Höhe frei zu machen und ihnen zu helfen und beizustehen. Je näher Mensch und Tier sich kommen, desto leichter findet auch der Mensch zur Harmonie mit dem Unendlichen und zu weiterer Vollendung.«

Wir sollten immer daran denken, daß die allumfassende Liebe auch die wehrlose Tierwelt mit einschließt und auch den Tieren Gutes zu tun, wo immer wir können, eine Möglichkeit ist, uns weiter zu entwickeln.

Wie will der Mensch Frieden finden, solange das Tier am Menschen leidet? Erst wenn Franz von Assisis Forderung: »Gott wünscht, daß wir den Tieren beistehen wenn sie der Hilfe bedürfen«, nicht nur am ›Tag des Tieres‹, sondern an jedem Tag des Jahres als Selbstverständlichkeit bejaht und befolgt wird, erst wenn Mensch und Tier wahrhaft ›versöhnt‹ sind, kann und wird der große Gottes-Friede Wirklichkeit werden. Bis dahin ist noch viel zu tun; denn »ganze Weltalter voll Liebe sind notwendig, um den Tieren ihre Dienste und Verdienste an uns zu vergelten!«

Kosmisches Bewußtsein
(DEB 09/59)

»Immer wieder geht durch die ganze Chronik der Menschheit ein Gewiß-Sein, aufleuchtend und den Mitmenschen bewußt werdend durch einzelne führende Geist-Persönlichkeiten. Wir nennen Sie ›Das Licht der Welt‹. Hier im Besonderen spüren wir etwas von jenem Ewigkeitsstreben, das wir als kosmisches Bewußtsein bezeichnen.

Aus keinem hat jemals mit so gelassener Selbstverständlichkeit das Bewußtsein der ›Unsterblichkeit‹ geleuchtet, wie aus der unvergleichlichen Erscheinung Jesu' Christi.«

Mit diesen Worten gab Friedrich Lienhard der hier behandelten Erfahrung den Namen, der sich seitdem eingebürgert hat. Der Erste, der den Ausdruck ›kosmisches Bewußtsein‹ gebrauchte und klar umriß war der amerikanische Psychologe Richard M. Bucke, der es in seinem Werk ›Cosmic Consciousness‹ unternahm, von der Wahrheit des Darwinismus das allmähliche Erwachen einer neuen, höheren Bewußtseinslage an Hand der übereinstimmenden mystischen Erfahrungen großer Menschheitsführer aufzuzeigen und Wesen sowie Kennzeichen derselben systematisch zu behandeln, wobei er von seiner eigenen Erfahrung des neuen Bewußtseins ausging: »Von Kind an bewegte mich die Frage nach den Rätseln des Lebens und ein unstillbarer Durst nach Gewißheit und Erleuchtung trieb mich zur Erforschung der letzten Dinge. Mit dreißig Jahren bekam ich die ›Grashalme‹ von Walt Whitman in die Hand und erkannte sofort, daß dieses Buch mehr als alle anderen mir bekannten Bücher das enthielt, was ich schon lange suchte...«

Buckes Bericht über seine Erfahrung des inneren Lichts entspricht fast wörtlich dem, den der englische Dichter Alfred Tennyson (1809–1882) gab: »Ich hatte den Abend mit zwei Freunden in einer großen Stadt zugebracht. Wir hatten Dichtung und Philosophie miteinander gelesen und erörtert. Um Mitternacht trennten wir uns. Ich hatte noch eine lange Wagenfahrt nach Hause. Mein Gemüt, noch tief unter dem Eindruck der Gedanken, Bilder und Gefühle, die durch das Lesen und Reden in mir hervorgerufen waren, war still und friedvoll. Ich befand mich in einem Zustand ruhigen, passiven Genießens... Plötzlich, ganz unvorbereitet, fand ich mich eingehüllt in einer flammenfarbigen Wolke. Ich dachte einen Augenblick an Feuer, an einen etwaigen Brand in der Nähe. Sogleich aber sah ich, daß das Feuer in mir selbst war. Alsbald überkam mich das Gefühl grenzenloser Freude, begleitet von einer unbeschreiblichen Erleuchtung und Einsicht. So sah ich, daß das All nicht aus totem Stoff besteht, sondern daß es im Gegenteil eine lebendige Gegenwart ist, daß die Weltordnung so ist, daß ohne Ausnahmen und Zufälle alle Dinge zum Besten füreinander wirken. – Diese Schau dauerte wenige Sekunden. Jede Erinnerung an sie danach und das Gefühl der Wirklichkeit dessen, was sie zeigte, dauerte durch all die Jahre, die seitdem vergangen sind.« (Zitat nach J. Hauer: »DER YOGA«, Stuttgart 1958)

Unter den Begleiterscheinungen des Erwachens zum kosmischen Bewußtsein bemerken wir solche, die schon früh auftreten und bereits von Alltagsmenschen in Augenblicken höchster Ich-Vergessenheit und Selbsthingabe erfahren werden können und andere, die nicht bei jedem Menschen als Anzeichen seines Erwachtseins zur inneren Welt bemerkbar werden, sowie solche, die bei allen Erwachten wiederkehren. Zu diesen letzteren gehört das Aufflammen des inneren Lichts, der geistigen Bewußtseinserweiterung und Erleuchtung.

Bucke unterschied zehn Charakteristika dieses Durchbruchs vom Ich-Bewußtsein zum kosmischen Bewußtsein, die hier kurz wiedergegeben und kommentiert seien:

1. »Das kosmische Bewußtsein trat in den meisten Fällen bei Männern in Erscheinung, die auf einer höheren Entwicklungsstufe stehend, zwischen 30 und 40 Jahren den Höhepunkt menschlichen Lebens erreicht haben.« –

Hierzu ist zu bemerken, daß das kosmische Bewußtsein auch bei Frauen häufig ist, was ich an überzeugenden Beispielen in dem Buch »In dir ist das Licht – 49 Erleuchtete als Führer zur Vollendung« (Drei Eichen Verlag), dargelegt habe. Das Geschlecht ist also nicht entscheidend, ebenso ist das Erwachen der Seele keineswegs an ein bestimmtes Alter gebunden, sondern tritt zuweilen mit sehr jungen Jahren auf, manchmal im höheren Alter; offensichtlich ist hier die innere seelische Reife und Wachheit des Menschen entscheidend. Beispiel: Der Maharishi berührte das kosmische Bewußtsein bereits mit siebzehn Jahren, während Bajezid Bestani, ein persischer Mystiker des neunten Jahrhunderts, erst in seinem 74. Lebensjahr dazu erwachte. Als der 78jährige nach seinem Alter gefragt wurde, antwortete dieser, er sei lediglich vier Jahre alt: »Über siebzig Jahre lang war ich in die Schleier der niederen Welt gehüllt; erst seit vier Jahren bin ich ihrer ledig und schaue Gott. Dreißig Jahre hindurch war ich auf der Suche nach Gott, und als ich am Ende dieser Suche die Augen öffnete, da entdeckte ich, daß ER es war, der mich suchte ... ER erleuchtete mit seinen Strahlen mein ganzes inneres und äußeres Wesen und enthüllte mir seine Geheimnisse und offenbarte mir seine Größe.«

2. »Das Überzeugendste und Wunderbarste ist die Übereinstimmung der Berichte und Lehren, die die Erwachten uns hinterlassen haben. Es gibt nicht einen Fall, in dem einer, der die Erleuchtung erlebte, den Lehren irgendeines anderen, der die gleiche Erfahrung machte, widersprochen hätte. Hinzu kommt, daß die ganze menschliche Kultur auf die Lehren dieser Männer und Frauen zurückzuführen ist, die den neuen Sinn erlangten.« –

Das wird um so deutlicher, je mehr Träger des kosmischen Bewußtseins wir in unsere Betrachtung einbeziehen. Ihre Zahl ist weit größer als Bukke ahnte, wobei noch unberücksichtigt bleibt, daß viele nie von ihren Erlebnissen sprachen, obwohl es sich in ihrem Leben und in ihren Werken unverkennbar widerspiegelt. (Siehe hierzu das Buch »In dir ist das Licht«, Drei Eichen Verlag.)

3. »Zu den Erscheinungen, die das Hervorbrechen des kosmischen Sinnes regelmäßig begleiten und im minderen oder höheren Grad auftreten, gehört die, daß der Betroffene sich ohne irgendwelche Vorahnungen plötzlich wie von Flammen erfaßt, von einer brennenden Wolke umgeben fühlt oder als würde Feuer aus seinem Inneren emporlodern.« –

Dieses Feuer-Erlebnis ist das erste Stadium des eigentlichen Licht-Aufbruchs.

4. »Im selben Augenblick ergreift ihn eine unaussprechliche Freude, Seligkeit und Gewißheit ... Diese Ekstase ist es, von der die großen Mystiker sprechen.« –

Das hier Beschriebene ist die Seligkeit des Durchbruchs zur höheren Wirklichkeit und des Freiseins von der Unzulänglichkeit der Welt der Sinne.

5. »Gleichzeitig mit dem Überschwang der Gefühle oder unmittelbar darauf tritt eine unbeschreibliche Erleuchtung aller Verstandes- und Geist-Kräfte ein. Blitzartig, wie in einer Vision, enthüllt sich der Sinn, das Ziel der Weltschöpfung. Der so Ergriffene erlebt die Welt als lebendige Gegenwart. Die Weltordnung in ihrer letzten Auswirkung zum Besten eines jeden, auf dem Urgrund der Liebe beruhend, enthüllt sich ihm.« –

6. »Die geistige Erleuchtung führt zum Erlebnis der Unsterblichkeit, zur Erkenntnis, daß alles Leben ewig ist, daß die Seele des Menschen so unvergänglich ist, wie Gott. Mit diesem Erlebnis fällt die Furcht vor dem Tode wie ein abgetragenes Gewand ab.« –

Hier liegt die Wurzel der inneren Unvergänglichkeits-Gewißheit, die die Menschen letztlich so ruhig dahinleben läßt, obwohl jeder Schritt sie dem Tode näher führt.

7. »Das Gleiche gilt vom Gefühl der Sündhaftigkeit der Welt; diese erfährt er nicht mehr als Wirklichkeit an sich – sie hört auf, für ihn zu existieren.« –

Im Erwachen der Seele erkennt der Betroffene alles als gotterfüllt und damit zugleich als ziel-, sinn-, weisheitsvoll und gut.

8. »Das Erlebnis tritt stets plötzlich ein – wie ein Blitz in finsterer Nacht, der eine unbekannte Landschaft erleuchtet.« –

Das rührt daher, daß der Mensch wohl die Voraussetzungen des Eintritts des kosmischen Bewußtseins schaffen kann, das eigentliche Erwachen und Entflammt-Werden aber ein Geschenk von innen, von ›oben‹ ist, dessen Eintreten nicht vorausbestimmbar ist.

9. »Kennzeichnend ist weiter die hohe Entwicklungsstufe derer, die ins neue Leben eintreten und die zauberhafte Wirkung, die sie auf andere ausüben.« –

Sie erklärt sich dadurch, daß der Erwachte von der Erscheinungswelt, in der das unwissende, zweifelnde Ich im Mittelpunkt steht, zur Wirklichkeit übertritt, in der das alleinende göttliche Selbst der Mittelpunkt ist, dessen Kraft auch in anderen die Ahnung inneren Einsseins lebendig werden läßt.

10. »Dazu gehört auch die geistig und leibliche Veränderung durch das Hervorbrechen des kosmischen Sinnes, die bis zur Verklärung führt und mit einer Erweiterung des Bewußtseins und aller Fähigkeiten verbunden ist.« –

Bucke geht auf diesen Punkt nicht weiter ein, sei es, daß bei ihm die das Erwachen der Seele oft begleitenden parapsychologischen Phänomene – Hellsehen, Prophetie, Levitation, Telekinese und andere – nicht in Erscheinung traten, sei es, daß er sie, wie alle Mystiker, für sekundär, unwichtig oder gar für ›neben der Sache liegend‹ und vom Wesentlichen ablenkend hält.

Ein von Bucke kaum angedeutetes Kennzeichen des Erwachens ist, daß es in der Regel nur Augenblicke währt und wieder abklingt, wenn auch die Helle, die es im Bewußtsein hinterläßt, die des Alltags noch lange überstrahlt. Es kann in der Folgezeit erneut erfahren werden, oft unzählige Male, wurde und wird aber nur bei wenigen – wie etwa bei Christus, Buddha, Lao-Tse oder Meister Eckehart – zum Dauerzustand lebendiger Gott-Unmittelbarkeit.

Bucke nennt den Aufgang des inneren Lichts, der Erleuchtung, an dritter und fünfter Stelle als eine von mehreren Begleiterscheinungen. Wir sehen in ihm die primäre und zentrale Erfahrung und das zuverlässigste Kriterium des Erwachens der Seele – nicht zuletzt deshalb, weil von dort her jedem Einzelnen jene Erfahrung am ehesten begreiflich und zugänglich wird, die der Begründer des ›New Thought‹, Phineas P. Quimby, ›das Erwachen der Einsicht‹ nennt, daß der Mensch seinem innersten Wesen nach Geist und Licht ist, göttlich und gut.

Worauf es ankommt

(Vivos Voco 12/59)

Nicht darauf kommt es an, daß Du im Leben Erfolg hast, sondern darauf, daß Du selbst ein Erfolg bist! Das alleine ist schicksalsentscheidend.

Nicht darauf kommt es an, daß Du im Leben Wissen und Kenntnisse sammelst, sondern darauf, daß Du in dir zum Quell der Weisheit und Erkenntnis findest! Denn das alleine ist fortschritts-bestimmend.

Und nicht darauf kommt es an, daß Du im Leben Schätze anhäufst, sondern darauf, daß Du selbst ein Schatz wirst – ein Schatz der Erkenntnis und des Lichts für viele! Denn das alleine ist zukunftweisend.

Kein Sinnbild bietet bessere Wegweisung für das Leben, als das japanische Symbol der drei Affen, von denen der eine mit den Händen die Augen, der andere die Ohren und der dritte den Mund verschließt. Denn sie weisen den Weg, auf dem es für Dich – als Erdenpilger und Ewigkeitswanderer – wesentlich ankommt: Den Weg zur Vollendung.

Dorthin gelangst Du nur durch *Nicht-Sehen, Nicht-Hören* und *Nicht-Reden:*

Durch ›Nicht-Sehen‹ nach außen, auf den ebenso reiz- wie leidvollen Trug der Sinnenwelt – um nach innen sehend zu werden und zur Selbstverwirklichung und Gott-Schau zu gelangen;
durch ›Nicht-Hören‹ nach außen auf das, was nicht

Verlautbarung und Wahrheit ist – um nach innen zu horchen und dem Wort zu gehorchen, das von Gott kommt;
durch ›Nicht-Reden‹ nach außen, sondern williges Lauschen nach innen – um Werkzeug und Wirkzeug des Ewigen zu werden und ihn in Dir und durch Dich reden zu lassen.

Darauf kommt es letztlich an: Nicht mehr Dein Ich, sondern das göttliche Selbst soll durch Dich sehen, hören, reden und handeln!

Unter dem Schutz des Ewigen

(Vivos Voco 02/60)

Der Mystiker gibt einer praktischen Weisheit Ausdruck, wenn er uns rät: »Willst du was Ewiges in dir erfassen, mußt du dich ganz in dich versinken lassen; wieder aus dem eigenen Verständnis gelangst du erst zu rechter Gott-Erkenntnis.«

Wenn wir in der Stille der Meditation tief genug in uns selbst hineinschreiten, erkennen wir, daß ein Leben in allem wirkt und daß wir mit diesem Leben und dem Geist Gottes unaufhörlich verbunden sind. Wir erkennen, daß alles Lebendige Hülle und Maske des Ewigen ist.

Wenn wir nicht erschrecken vor dem Werden und Vergehen, das doch unserer Selbst-Enthüllung dient, sondern uns nur auf den Funken des Ewigen in uns besinnen, dann bewirken wir, daß die ›verbergende Hülle‹ durchscheinender wird für das innere Licht, und daß die Wirklichkeit uns lebendiger bewußt wird.

Indem wir so den Ewigen zum Mittelpunkt unseres Lebens machen, bewirken wir weiter, daß unser Schicksal und unsere Bestimmung in eins zusammenfallen und das, was wir als unser Schicksal schaffen, sich immer sichtbarer zu dem entwickelt, was Gott als höchstes Ideal in uns und unser Leben eingebettet hat. Wir werden zu Erfüllern des Willens Gottes. Das ist der größte erreichbare Erfolg unseres Lebens.

Von diesem Augenblick an fürchten wir nichts mehr. Jenes absolute Vertrauen zum Ewigen ist in uns erwacht, das den Quellgrund allen Selbstvertrauens bildet. Wir wissen nun um die Unvergänglichkeit unseres Inneren und unseres Glückes mit der Sicherheit des Erwachten.

Eben dieses Bewußtsein ist es, das uns alles übrige wie von selbst ›zufallen‹ läßt. Es reißt mit seiner vertrauenden Hingabe an die Hilfe von innen die Mauern nieder, die unsere Nichterkenntnis zwischen Gott und uns errichtet hat und läßt uns erkennen, daß wir immer und überall unter dem Schutz des Ewigen stehen und alles zu unserem Besten ist.

Es bedeutet alles für unser Leben, wenn wir dieses rückhaltlose Vertrauen zum Ewigen in uns entfesseln. Denn dieses Vertrauen macht uns stark; dieser jederzeit erfahrbare Kräfte-Zuwachs ist der unmittelbare Beweis unserer Einheit mit dem Ewigen.

Allen großen Geistern der Menschheit war dieser Glaube an den unendlichen Geist des Guten eigen; sie alle strebten nach lebendiger Verbindung mit ihm – und viele von ihnen erwachten zum kosmischen Bewußtsein und öffneten damit die Tore zu den Schatzkammern unendlicher Fülle.

Zu diesem kosmischen Bewußtsein kann jeder erwachen, da es in jeder Seele als Anlage vorhanden ist und aktiviert werden kann. Es schlummert in den letzten Tiefen unseres Überbewußtseins, im innersten Kern unseres Wesens und erwacht um so sicherer, je rückhaltloser wir unser ganzes Vertrauen dem Ewigen in uns schenken.

Wir erfahren und wissen dann mit absoluter Gewißheit, daß in uns der Geist des Lebens als Kraft der Ordnung lebt, alle Fäden unseres Schicksals sinnvoll zusammenfaßt und uns nach dem Gesetz des Ausgleichs genau das zuweist, was uns zukommt. Wir erfahren, daß wir Zentrum eines Kosmos sind, der unendlich ist und dessen Mittelpunkt überall zugleich ist; in uns und in jedem Wesen, und daß alles Sein und Geschehen um den Gott-Mittelpunkt unseres Wesens kreist.

Es ist ein überwältigendes Erlebnis der inneren Einheit allen Lebens in Gott, unserer inneren Gemeinschaft mit allem, was lebt. In diesem Erkennen wird uns gewiß, daß

- *wir eins sind mit dem Herzen der Natur und mit dem Reiche des Geistes;*
- *alle Reiche des Lebens vom Geist der Gottheit durchpulst werden und unvergänglich sind;*
- *alles Vergehen nur Durchgang ist von einer Bewußtseinssphäre zur höheren;*
- *wir eins sind mit der Fülle und dem Reichtum der Gottheit, ein Tropfen im Ozean des Lebens und zugleich der Ozean selbst, der Geist des Lebens;*
- *wir eins sind mit allen Wesen und Welten des unendlichen All's, eins mit der Fülle ihres Glükkes und ihrem innersten Gott-Sein;*

– die Liebe das große Gesetz allen Seins und aller Wesen, sowie Vollkommenheit aller Entwicklung Ziel ist.

Um diesen Tag unseres höchsten Selbst-Erwachens herbeizurufen, sollten wir uns so oft wie möglich in Stille und Schweigen besinnen – nicht mit dem Hirn und dem Herzen allein, sondern mit jeder Zelle unseres Körpers, jeder Faser unserer Seele und jeder Regung unseres Geistes:

Unendlicher Geist des Lebens,
ewige Kraft des All's ich öffne mich Dir!
Durchflute mich, erfülle mich mit Deinem Sein!
Mein Leben ist Dein Leben,
Deine Kraft die meine.
Mein Körper ist Teil des Deinen,
vom Ganzen nicht zu trennen.
Meine Seele ist Teil der Deinen,
heiliger Tempel des göttlichen Geistes!
Mein Geist ist Licht aus Deinem Licht,
einst aus Dir emporgestiegen,
seiner Unendlichkeit und
Unzerstörbarkeit bewußt.
Dein Leben schwingt im ganzen All –
auch in mir.
Mein ganzes Wesen ist vom
Gewißsein meines Einsseins
mit Dir und Deiner Kraft erfüllt.
Selbst Kraft aus Dir, bin ich im All,
wie das All in mir ist!

Was dann in unserem Innern sich zu regen beginnt – das Unermeßliche – ist mit Worten nicht zu beschreiben. Das Unergründliche kommt aus dem Seelengrunde nur im Schweigen.

Himmel und Hölle sind in uns

(Vivos Voco / Die Weiße Fahne 05/60)

Man begegnet häufig der Meinung, daß die Forderung »Trachtet zuerst nach dem Reiche Gottes, dann wird euch alles übrige zufallen«, und das ›Gerede vom Himmel‹ nur darüber hinwegtrösten soll, daß die Erde das Vorfeld der Hölle sei. Der Himmel erscheint zu hoch, als daß man sich daran halten, das Reich Gottes zu weit weg, als daß man damit etwas anfangen könne...

Wer so denkt, blickt in die falsche Richtung; all zu weit nach oben bzw. all zu weit in die Ferne. In Wirklichkeit sind uns Himmel und Hölle viel näher: Sie sind in uns – hier und jetzt. Um glücklich zu werden brauchen wir keineswegs zu warten, bis sich der Himmel zu uns herabneigt oder bis wir in den Himmel kommen; wir brauchen uns nur nach innen zu wenden und die Augen unserer Seele zu öffnen, um zu erfahren, daß der Himmel überall und am gegenwärtigsten in unserem Innersten ist.

Himmel und Hölle sind Zustände. Der eine eröffnet sich uns bei jeder liebenden Bejahung, jedem bewußten Blick auf das Gute, Lichte und Schöne; der andere bei jeder lieblosen Verneinung und jeder Hingabe an das Schlechte, Dunkle und Häßliche. – Gewöhnen wir uns, eine Zeitlang stets und überall nur das Gute zu sehen, nur das Beste zu geben, dann verwandeln wir uns schon hier und jetzt in einen Bürger des Himmels – und spüren es auch.

Überlassen wir uns hingegen vorwiegend dem Ärger und den Sorgen, dem Gram und Groll, Neid und Haß, der Verneinung von Umwelt und Leben, dann brauchen wir nicht erst in die Hölle zu kommen – wir sind schon jetzt darin.

Wir tragen beides in uns. Die Entscheidung darüber, was in uns vorherrscht, Himmel oder Hölle, was unser Leben erhellt oder verdunkelt, liegt bei uns.

Weisen unsere Gedanken vorwiegend nach unten, dann geht unser Weg in die Tiefe; weisen sie hingegen stetig nach oben, dann führt unser Weg aufwärts und wir leben richtig: Mit den Füßen auf der Erde und mit dem Herzen im Himmel.

Eben dieses meint die Forderung ›zuerst nach dem Reiche Gottes zu trachten‹ die den sicheren Weg aus aller Not und Ungewißheit sichtbar macht. Sie besagt: Halte alle Gedanken und Gefühle des Zweifels, der Sorge und Furcht von dir fern, alle mißtrauischen und negativen Meinungen über andere, alles Selbstmitleid, alle Eifersucht, Neid, Ärger, Groll – kurz alles, was des Himmels, der in dir ist, nicht würdig und gemäß ist und erfülle dein Gemüt und Bewußtsein statt dessen immer und ausschließlich mit bejahenden Gedanken und Gefühlen.

Nun könnte bei manchen Menschen die Frage auftauchen: »... und wenn es einem schlecht geht?« –

Meine Antwort hieße: »Dann erst recht!« – Positive Einstellungen und bejahende Gefühle helfen die Verheißung erfüllen die mit der Forderung verknüpft ist, zuerst nach dem Reiche Gottes zu trachten und ganz in der Bejahung des Guten zu leben und einem dann ›alles übrige zufällt‹, was praktisch bedeutet, daß alle Sorgen entfallen.

Wie das möglich ist? – Wir haben bisher mit dem Blick auf unsere Nöte, auf die Hilfen von ›außen‹ gewartet und damit unbewußt unsere Hilflosigkeit und Schwäche bejaht und auf die Selbsthilfe aus eigener Kraft verzichtet. Sowie wir nicht mehr zuerst nach außen, sondern nach innen blicken, auf das ›Reich Gottes in uns‹, wenden wir uns zum Urquell aller Kraft, der in den Tiefen unserer Seele rauscht, bejahen und erfahren unser Starksein, erfüllen unser Gemüt mit Gedanken des Mutes und der Fülle, des Fortschritts und Erfolgs. Dann erleben wir, wie die Sorgen weichen und die Not sich wendet.

Wer das einmal erfahren hat, der weiß, wie wenig im Grunde verlangt wird und wie viel Gutes daraus hervorgeht, wie viel Geborgenheit, Kraft und Glück der erfährt, der dem Himmel in sich mehr vertraut als den äußeren Mächten und Möglichkeiten. Dann geht ihm ein Weniges von dem auf, was die Weisen unter ›Lebenskunst‹ verstehen.

Mäßigkeit und Mitte

(Vivos Voco / Die Weiße Fahne 06/60)

Jeder Arzt kennt das von dem Psychologen R. Arndt für alle Lebensvorgänge und von dem Pharmakologen H. Schulz für die Arzneibehandlung gültig formulierte, biologische Grundgesetz: »Schwache Reize fachen die Lebenstätigkeit an, mittelstarke fördern sie, starke hemmen sie und stärkste heben sie auf.«

Aber nur wenige Menschen denken daran, dieses Gesetz in ihrem täglichen Leben zu ihrem Nutzen anzuwenden und das schädliche ›Zuviel‹ zu vermeiden; beim Essen, bei der Arbeit, beim Ärgern sowie beim Verdienen...

Alle Dinge im Leben sind das, was wir aus ihnen machen: In der richtigen Dosis werden sie zum Genuß, in starker Dosis zum Verdruß, in stärkster Dosis zu Gift. Diese Erkenntnis hatte schon der große Arzt Parazelsus in folgende Regel zusammengefaßt: »Alle Dinge sind Gift! Nichts ist ohne Gift! Alleine die Dosis macht, daß ein Ding kein Gift ist.«

Vielleicht hat das Wort ›Gift‹, das ursprünglich ›Gabe‹ im guten Sinne bedeutet, deshalb mit der Zeit den Beigeschmack der schädlichen und schließlich die Bedeutung der tödlichen Gabe erhalten, weil wir Menschen mehr und mehr zur Maßlosigkeit neigen und immer mehr Dinge übertreiben, so daß sich selbst das Gute, weil im Übermaß angestrebt und genossen, in sein Gegenteil verkehrt und in Gift verwandelt, statt uns zum Heil zu gereichen.

Wir folgen zumeist nicht mehr dem Wort: »Alles Heil liegt in der Mitte, und das Höchste ist das Maß« (M. Geibel), obwohl schon Horaz das biologische Grundgesetz vor ca. 2000 Jahren treffend formulierte: »Halt Maß in allem, denn in allem gibt's ein Mittel, dessen Linie das Wahre bezeichnet.«

Wie damals, so hören auch heute nur wenige darauf. Gerade der am meisten förderliche, mittelstarke Reiz, das Leib und Leben gesunderhaltende Mittelmaß wird immer seltener als Richtmaß geachtet – die Folge davon ist, daß uns im gleichen Maße der ›Verlust der Mitte‹ schmerzlich bewußt wird.

Eben weil heute die starken Reize bevorzugt werden, gibt es – entsprechend des biologischen Grundsatzes – so viele ›Gehemmte‹ und ›Ängstliche‹, mit dem Fluch des Übermaßes Belastete, die sich aber zum Glück durchaus selber helfen könnten, wenn sie sich besinnen würden, daß sie in der Mitte am sichersten gehen – in der Mitte zwischen Zuviel und Zuwenig.

Darum raten uns die Weisen aller Zeiten, die uns Lebensweisheiten in maß- und darum heilvollen Dosen vermitteln: »Folgt nicht der maßlosen Masse, sondern den Wenigen, die erkannt haben, daß ›Weniger mehr ist‹; weniger hasten, weniger essen, weniger trinken, weniger anhäufen, weniger sich sorgen ...!«

Wer das versucht, der entdeckt, daß die Dinge, die ihm das Leben vergiften, sich wieder in heilsame Gaben verwandeln, und daß, wie Goethe sagt, »allein aus der Mäßigkeit das reine Glück entspringt.«

Bewahrer der Wahrheit

(Die Weiße Fahne 01/61)

Nur scheinbar war der ›Weise‹ längst vergangener Zeiten den Tiefen der Wahrheit näher als die Menschen unserer Tage. In Wirklichkeit war er nur stiller und empfangsbereiter als wir, die wir dem Äußeren ergeben sind.

Er schaute unter den Wassern der Tiefe das ewige Antlitz der Wahrheit. Wir, die wir immer nur getrieben werden, haben die ›Wasser der Tiefe‹ getrübt. Aber wenn wir still werden und unbewegt, klären sich die Wasser und die Wahrheit wird uns offenbar. Wenn die äußeren Kräfte zur Ruhe kommen, werden die inneren Kräfte wach und tätig. Wir gewahren, was Wahrheit ist.

Was sich von der Wahrheit sagen läßt, ist nicht die Wahrheit selbst, sondern nur ihre Hülle. Die Wahrheit hat keinen Namen. Was Namen hat, hat Form. Wo aber Form ist, ist die Wahrheit schon gewichen. Die Wahrheit hat keine Begrenzungen. Grenzen hat nur, was Gestalt hat. Wo aber Gestalt ist, ist die Wahrheit schon verborgen.

Streben nach Wahrheit hat nichts gemein mit dem Trachten nach Wissen. Wissen ist nur Schatten der Wahrheit – aber weisen nicht alle Schatten vom Lichte fort? Solange einer nur weiß, ist er nicht weise. Zur Weisheit erwacht, ist er erhaben über Wissen und Wahn.

Die Wahrheit ist kein Objekt der Sinne, sondern

das Subjekt der Seele. Darum gilt es, auf dem Wege zur Wahrheit die Sinne zu schließen und die Seele zu öffnen. Wer die Wahrheit jagt, verfehlt sie; wer sich von ihr erfüllen läßt, empfängt sie.

Solange wir suchen, sind wir ›Gesuchte‹. Sobald uns die Wahrheit berührt, sind wir ›Gefundene‹.

Und der Weg dorthin? – Der steile Pfad der Wahrheit führt durch das Reich der Stille hinauf zum Gipfel des höchsten Selbst', zu dem kein Ton der Tiefe mehr hinauf dringt. Wer diesem Pfad folgt, der kann in einem Leben erreichen, was anderen in hundert Daseinsformen nicht gelingt. Er streift in der Stille alles von sich, was bloß Schein ist, bis nur die Wahrheit übrig bleibt: Sein wahres Selbst! Die Wahrheit schreitet dahin, ohne den Boden zu erschüttern. Nur der Irrtum wirbelt Staub auf. Sie, die Wahrheit, überzeugt durch sich selbst. Der Irrtum hingegen bedarf der Beweise. Wer zu ihr erwacht, streitet nicht. Wer streitet ist ihr noch fern.

Wo Lärm ist, ist keine Wahrheit, denn die Stimme der Wahrheit ist die Stimme der größten Ruhe. Nur wo alles Vergängliche schweigt, ertönt ihr Wort.

Je mehr Worte im Vergänglichen, desto mehr häufen sich die Irrtümer. Je näher wir der Wahrheit kommen, desto stiller werden wir. Ganz zu ihr erwacht, verstummen wir. Was erscheint noch sagenswert, wenn das Sein gefunden ist?! Der von der Wahrheit Ergriffene redet nur, wenn sie ihn dazu treibt.

Dem, was vergänglich ist an uns, bleibt die Wahrheit ewig ein Geheimnis. Doch die selbst-gestillte Seele trinkt aus der ›Wahrheit smaragdenen Kelche‹, aus dem Quell ihrer Kraft – und gewahrt, was die Wahrheitssucher noch nicht erkennen können: »Die Worte sind Tropfen; die Wahrheit ist der Strom. Jeder Tropfen wird wieder zu Dunst und Nebel; der Strom aber ist ewig. Nie versiegend rinnt er unaufhörlich aus sich selbst und in sich selbst zurück.«

Die Wahrheit gleicht geduldigem und ruhendem Wasser: Überall dringt es hin, ist aller Dinge Träger und Wandler. Es opfert sich in einem fort und bleibt doch sich selber gleich. Es reinigt und steigt dennoch immer wieder unbeschmutzt zum Himmel. Es widersteht nicht und ist doch härter als der Felsen in der Brandung. Gleich dem Wasser füllt die Wahrheit alles aus und ist doch ohne Form. Alles lebt aus ihr und strebt zu ihr hin. Wie das Wasser ist sie unbesiegbar; nachgiebig bricht sie dennoch jeden Widerstand und jede Starre: »Weil ihr Wille gütig ist, bezwingt sie alles; weil sie unbewegt ist, bewegt sie alles.«

Die Wahrheit ist die ruhende Nabe am kreisenden Rad des Lebens. Je näher wir ihr kommen desto gelassener werden wir.

Was wir mit den Händen erfassen und greifen können ist nur die Hülle. Aber im ›Stillsein‹ durchflutet uns das Wesen der Wahrheit und wandelt uns zu ihrem Wahrer und Wirker. Eher erschließt sie uns nicht den Sinn unseres Daseins, als sie nicht zu sich selbst erwacht.

Im Anblick der Wahrheit erkennen wir: »Namenlos ist sie. Wer sie nennt, verhüllt sie. Wer sie aber lebt, erlebt sie – erlebt sich selbst. Die Wahrheit in ihm erfährt sich selbst.«

Viel Glück birgt die Erde aber nur eine Seligkeit: Die Wahrheit! Das begreift nur, wer zu sich selbst fand. Nur er erfährt, daß sie stets unverlierbar in ihm war und bleibt und sich ihm so weit offenbart, als er sich von ihr leiten läßt.

Wer von der Wahrheit berührt wird, ist ohne Selbstsucht. Denn er schaut hinter den Schleier und erkennt sich selbst als das Eine in allem.

Wer aber sich selbst gefunden, der ist zum Ewigen geworden. Fremd war ihm sein Vergängliches.

Jenseits des Scheines schaut er die Wirklichkeit, hinter dem Irrtum die Wahrheit, inmitten aller Bewegung die ewige Ruhe. Er erkennt Wahrheit, Wirklichkeit und Ruhe als eines.

Jenseits von Ich und Besitz wandelt er im eigenen Lichte. Den aber, der im schöpferischen Lichte seines Selbstes steht, täuschen keine Schatten von Glück und Unglück mehr.

Soweit Du mit der Wahrheit im Einklang lebst, soweit bist Du. Je wahrer, desto wirklicher.

Wer währen will, sei ein Wahrer der Wahrheit. Denn Dauer besitzt nur, was wahr, wesenhaft und nicht scheinverhaftet ist.

Wer ein Wahrer der Wahrheit ist, ist gewahr, daß

Da-sein und Nicht-Sein nur Teile des Seins sind. Leben und Tod sind ihm eins. Wer zur Wahrheit fand, leidet keine Not mehr, selbst wenn sein Leib stirbt. Er lebt im Ewigen. Das ist das Geheimnis der Unverletzlichkeit.

Wer zum Gefäß der Wahrheit wird, ist gestillt. Alles besitzend, verlangt ihn nach nichts mehr. Je weniger einer sich sorgt, desto sichtbarer wird er erhalten.

Wer zum Kanal der Wahrheit wird, ist ein Quell der Erquickung für viele. Je mehr Dürstende er labt, desto mächtiger strömt ihm das Labsal zu. Aber, obwohl er vielen zum Weg-Weiser wird, hat er doch keine Schüler. Denn er weist jeden auf sein eigenes Selbst. Er bewirkt, daß die, die in der Stunde des Erwachens stehen, zur Wahrheit – zu sich selber – finden.

Die Wahrheit gibt ihm Schöpferkraft: Er zeugt ohne zu besitzen; er wirkt, ohne sich zu mühen; er mehrt, ohne zu nehmen.

Er streitet nicht und besiegt doch alles. Er widersteht nicht und ist dennoch stärker als die, die sich ihm widersetzen. Je mehr er sich zurückhält, desto vollkommener durchdringt er alles.

Das Große siegt dadurch, daß es sich erniedrigt, dient und sich hingibt: Das Meer liegt tiefer, darum eilen die Flüsse und Ströme zu ihm hinab; der zur Wahrheit Erwachte ist gütig und willig, darum fließt ihm alles Gute zu. Die Harten sind es, die das Schicksal zerbricht, den Gütigen hilft der Himmel.

Wer sich von der Wahrheit bestimmen läßt, kann die ganze Welt regieren. Denn die Wahrheit ist die Königin der Welt. Wer ihr dient, ist alles Vergänglichen Herr – frei von dem, was alle knechtet. Er ist der »Bewahrer der Wahrheit«.

Die Kunst des Vergessens
(Die weiße Fahne 01/61)

Wie viele wissen wohl, daß die Kunst rechten Lernens und Behaltens eng mit der des Vergessens verbunden ist? – Um empfangen zu können muß man geben; um gut erfassen und behalten zu können muß man loslassen und zu vergessen wissen. Um sich des Guten leicht wieder erinnern zu können, muß man lernen, das Unerfreuliche zu vergessen, sich dessen zu entäußern.

Wenige Menschen beherzigen das Sprichwort: »Vergessen ist für Schaden gut«, obwohl das Vergessen-Können Schädigungen der Seele und des Gemütes verhütet und die Hinwendung zum Guten, die Wiedergutmachung, das Finden des Besseren erleichtert. Die meisten Menschen ziehen das Festhalten vor – und versäumen damit auch das Vergeben und Verzeihen; sie leisten der bleibenden Enttäuschung Vorschub, ebenso wie der Selbstbemitleidung durch das Festhalten einstiger Neid-, Groll- und Haßgefühle. Dabei wird nicht nur alles, was an Negativem im Gedächtnis festgehalten wird und im Unterbewußtsein weiter schwelt, zum Krankheitsherd für Leib und Seele, es blockiert darüber hinaus das Gedächtnis für das Notwendige, Gute und Behaltenswerte. Zusätzlich verstellt es die Schicksals-Weichen für die Vorteile, die das Leben bereit hält und hindert günstige Geschicke daran, uns zu erreichen.

Vom Standpunkt der Psychologie aus gesehen, sagt der, der erklärt: »Ich kann eben nicht vergessen!«, daß er nicht loslassen will. Und dann wundert er sich, wenn das wild wuchernde Unkraut im Garten seines Gedächtnisses die rechte Verwurzelung und das Geheihen der guten Erinnerung hindert und sein schlechtes Gedächtnis enthüllt. Oft, nicht immer, zeigt ein schlechtes Gedächtnis an, daß es auf das Schlechte – das Negative und Unerfreuliche – gerichtet ist und deshalb zu wenig Platz und Kraft hat für das wirklich Behaltenswerte. Es ist mangelhaft, weil es am Mangel haftet, an allzuviel Negativem festhält, statt es loszulassen und sich willig dem Guten, Denk- und Gedächtniswürdigen zu öffnen.

Nun ist das Gedächtnis mit dem Blickfeld des Bewußtseins verbunden: Wie im letzteren immer nur ein Gedanke festgehalten werden kann, den wir als Herrn unserer Gedanken selbst bestimmen, so ist auch unser Gedächtnis immer auf eines eingestellt: Auf das, was uns am stärksten bewegt und was wir am hartnäckigsten festhalten. Wünscht Du also ein besseres Gedächtnis, dann brauchst Du Dich nur daran gewöhnen, das weniger Bessere – die Unerfreulichkeiten, negativen Erinnerungen – loszulassen. Vergib gern, verzeihe bereitwillig, entschuldige Dich, sorge für Wiedergutmachung und vergiß was hinter Dir liegt, dann wird Dein Gedächtnis freier und aufnahmefähiger für das Positive, Zukunftsträchtige und Lernenswerte; je gefühlsbetonter Du das zu Behaltende machst, mit je mehr Interesse und lebendiger Anteilnahme Du lernst, um so williger nimmt das Archiv des Unterbewußtseins den Stoff, den es lernen soll auf und desto rascher stellt es ihn auf Abruf bereit.

Lerne vergessen, dann wirst Du leichter aufnehmen und behalten können.

Glaubenskraft – Wunder schafft

(Die Weiße Fahne 01/61)

Wir leben in einer Zeit stürmischen Fortschritts und steigendem Lebensstandards auf der einen Seite und zunehmender innerer Uneinigkeit und Freudlosigkeit auf der anderen. Wer in der heutigen Wendezeit tiefer blickt, wird durch die Tatsache beunruhigt, daß mit dem Wachstum der äußeren Macht des Menschen keine Zunahme seiner moralischen Kraft einhergeht, sondern vielmehr Unsicherheit innen und außen, Mißtrauen und die offensichtliche Unfähigkeit, die entfesselten Gewalten der Technik zu bändigen – gerade als ob mit der Weckung atomarer Energien und der Eroberung des Weltraumes zugleich dämonische Kräfte im kollektiven Unterbewußtsein der Menschheit wachgerufen wären...

Um die Kräfte, die der Mensch rief und die, statt ihn mit Frieden und Wohlstand für alle zu beglükken, die Menschheit mit Zerstörung, Krieg und Chaos bedrohen, wirklich zu meistern und positiv zu nützen, bedarf es einer ordnenden Macht, die dem Menschen die Kraft gibt, wirklich Herr des Lebens zu werden – innerlich wie äußerlich.

Zum Glück gibt es diese ordnende Macht – und zwar nicht nur über uns, sondern auch in uns; im Gemüt des Menschen. Und auch die Kraft, die sie greifen und alles zum Guten wenden kann, ist in uns: Es ist die Kraft des Glaubens an das Gute, von der es im Evangelium heißt: »Alles ist möglich dem, der da glaubt!«

Der Glaube ist nicht nur die Sonne des Gemüts, die alles Gute in uns zum Keimen, Wachsen und Blühen bringt, die neues Leben spendet und ungeahnte Kräfte wachruft. Er ist auch jene positive Macht der Seele, die den dämonischen Kräften in der Welt schweigend entgegenwirkt, überall das Gute ins Dasein ruft und bewirkt, daß alles gut wird.

Der Glaube an das Gute ist zugleich der Wille zum Guten, ist Bejahung der Macht des Guten, die alles zum Besseren bringt. An das Gute glauben, heißt an Gott glauben, den unendlichen Geist des Guten, heißt aber auch sich den Kraftströmen des Ewigen zu öffnen und seiner Macht zu vertrauen. Und das wiederum bedeutet unmittelbar zuversichtlicher, zufriedener, stärker sowie glücklicher und fähig zu werden, das Gute in Wirklichkeit zu verwandeln.

Insgesamt heißt es aber auch noch mehr: Man wird sich der Tatsache bewußt, daß die lenkenden Schicksalskräfte des Kosmos darüber wachen und dafür sorgen, daß die dunklen Kräfte der Verneinung, des Untergangs und des Chaos nicht überhand nehmen, die Ordnung im Leben und im All höchstens vorübergehend stören, aber niemals stürzen können, weil die Kräfte des Lichts und der Harmonie urtümlicher und stärker sind als die der Finsternis und der Zerstörung. Im Grunde sind

Schatten und Dunkelheit keine Wesen und Kräfte an sich, sondern nur die Abwesenheit von Licht, bei dessen Aufflammen sie ins Nichts zurücksinken.

Bedenken wir, was das für uns bedeutet: Wer glaubt, wer also den lichten Mächten in sich und im All vertraut, der macht sich zum willigen Werkzeug der Mächte des Guten, des Lichtes und begibt sich in das Kraftfeld ihres Wirkens. Wer der ordnenden Macht des Guten durch eigenes Gutsein und Guttun den Zugang zu seinem Leben eröffnet, der erlebt, daß Glaubenskraft Wunder schafft, daß sich alles Verworrene, Dunkle und Beängstigende über Nacht klärt und aufhellt und Gefahr und Not sich in Segen verwandeln.

Wer diesen Glauben an das Gute in sich trägt, der gehört zu den innerlich Lebendigen, deren Dasein und Wirken die Welt erneuert und Not wendet.

Freude

(Die Weiße Fahne 01/61)

»Das Paradies«, sagt Dostojewskj, »ist in jedem von uns verborgen. Auch in mir verbirgt es sich jetzt und wenn ich will, wird es morgen in Wirklichkeit in mir entstehen und dann für mein ganzes Leben andauern.« –

Und wie wecken wir es? – Durch Freude, die wir in uns wachrufen und anderen bereiten. Darum fordert Hermann Kissener in einem seiner Aufsätze, daß wir lernen sollen uns mehr zu freuen: »Freude wirkt auf die Seele wie ein kräftigendes Bad. Wenn der Frohsinn unser Herz erfüllt, wenn die Woge geistiger Freude uns trägt, dann fühlen wir keinerlei Last; dann stellen wir überall unseren Mann.« Hierzu noch die Stimme von Helene Böhlau: »Einen Blumenstrauß schenken, einem bedrängten Menschen durch Verständnis helfen, ein Kind erfreuen, einem hilflosen Tier Schutz geben – kurz: Da sein für irgend einen, der sich auf dieser Welt nicht mehr zu trösten und zu helfen weiß, das sind die großen Dinge des Lebens, die das Dasein licht, sinnvoll und mit Freude erfüllen.«

Die Macht des Unbewußten
(Die Weiße Fahne 01/61)

Wie weit ein Mensch die Macht seines Unbewußten entfaltet und seinem Aufstieg im Leben dienstbar macht, hängt von dem Maß des Glaubens ab, den er der Kraft in ihm entgegenbringt. Je mehr er seinem Unbewußten zutraut, desto erstaunlichere Hilfen werden ihm zuteil. Praktisch hat es jeder in der Hand, alles aus sich zu machen und so viel zu erreichen, wie er will und bejaht. Im Unbewußten sind alle erdenklichen Kräfte, Talente und Fähigkeiten vorhanden; da sie durch beharrliche Bejahung geweckt und durch mutige Bestätigung ständig gespeichert werden, gibt es nichts, was man mit Hilfe des Unbewußten nicht zu erreichen imstande ist.

In jedem Menschen schlummert gewissermaßen ein Genie. Es kommt im Grunde nur darauf an, daß er seine Größe erkennt und seinen inneren Reichtum entfalten kann. Die ständige Bejahung der Tatsache, daß der schöpferischen Kraft in ihm keine Grenzen gesetzt sind, weil sie ein Teil der Allkraft ist, wird ihn alle Schwierigkeiten mit dieser Hilfe meistern lassen. Was er in dieser Gewißheit unternimmt, ist von vornherein vom Geist des Erfolgs durchwachsen und sichert ihm diesen.

Jetzt oder Nie!

(Die Weiße Fahne 02/61)

»Jetzt oder nie! Ich muß den teuren Augenblick ergreifen...«, heißt es in Schillers ›Wilhelm Tell‹. –

Jetzt oder nie – heißt es auch für uns, wenn wir eine Schwierigkeit erfolgreich meistern und mit dem Leben zurecht kommen wollen.

Die Frage des Talmud: *Wenn nicht jetzt, wann dann?«* gilt für alle, die mit dem Hauptteil ihrer Gedanken in der Vergangenheit oder in der Zukunft weilen, anstatt ihr Denken, Wollen, Fühlen und Tun auf den Augenblick der Gegenwart und die nächstliegende Aufgabe zu konzentrieren und die Schätze des Jetzt zu heben und zu genießen.

Wie will der das Jetzt meistern und in Zukunft den Gegenwert seines gegenwärtigen rechten Wirkens empfangen, dessen Geist grübelnd in der Vergangenheit weilt oder angstvoll-passiv auf das Kommende starrt?! – Die Vergangenheit ist vorbei, die Zukunft ungewiß! Lebendig und fruchtbar ist nur der gegenwärtige Augenblick; in ihm allein sind uns Leben und Welt gegenwärtig, uns gegenüberstehend, unserer harrend, von uns wertbar. Nur in der Gegenwart können wir unsere Anwartschaft auf das Glück geltend machen, uns bewähren und das Bestmögliche erwarten und schaffen.

Humboldt nennt die Gegenwart »eine große Göttin, die selten schnöde ist gegen den, der mit Mut behandelt« und ich möchte hinzufügen: »und nach dem Grundsatz JETZT ODER NIE das beste aus dem Augenblick herausholt.«

Nur wer sich angewöhnt, sein Denken, Wollen und Tun bewußt auf die Gegenwart auszurichten mit dem Grundsatz ›Jetzt lebe ich‹ oder ›Jetzt verwirkliche ich mich‹ wird von selbst immer wacher und aufgeschlossener für die zahllosen Möglichkeiten des Jetzt und erkennt sie zugleich als die einzigen lebensfähigen Keime künftigen Glücks. Je bewußter er – so denkend – das Nächstliegende angeht, um so schneller ordnet sich auch das Entfernteste und die Folge hiervon ist, daß die ›Zukunftsangst‹ keine Chance hat ihn einzuschüchtern.

Wer sich an die Gegenwart hält hat auch in der Zukunft Halt und gibt seinem Glück Dauerhaftigkeit, soweit dies in einer Welt des dauernden Wechsels und Wandels möglich ist.

In solcher Besinnung auf die Aufgaben und Gegebenheiten der Gegenwart wird uns zuweilen das Geheimnis des Jetzt bewußt: Es ist der Punkt, an dem die Zeitlichkeit die Ewigkeit berührt. Diese Einsicht ist es, die das zeitliche Jetzt verklärt und es zum ewigen Jetzt verwandelt. Das meinen die Weisen, wenn sie uns darauf hinweisen, daß, wer voll bewußt im Jetzt lebt, zugleich in der Ewigkeit lebt, die ein ewiges Jetzt ist.

Gedanken über den Zehnten
(Vivos Voco / Die Weiße Fahne 02/61)

Alles Leben und Zusammenleben wird beherrscht vom Gesetz des Gebens und Empfangens. Die Natur duldet weder Stillstand noch Vakuum. Geben und Empfangen hängen zusammen wie Ursache und Wirkung: Der Bauer, der das Gesetz des Gebens und Empfangens kennt, legt von dem Korn, das er geerntet hat, einen Teil für die nächste Aussaat auf die Seite. Er weiß, daß dieser Teil im Frühjahr wieder ausgesät, von neuem wächst und ›hundertfältige Frucht‹ trägt ...

Diesem Gesetz gilt es bei unseren Einnahmen und Ausgaben zu folgen: Das Vertrauen zum Ewigen als dem Quell aller Fülle ist der Ackerboden, der ›Zehnte‹ von allem was wir empfangen und einnehmen ist die Saat, die es bereit zu halten gilt. Dieser ›Zehnte‹ Teil, den wir einer edlen Sache, einem gemeinnützigen Zweck opfern, wird zum Quell wachsenden Reichtums.

Durch die freudige Hingabe des Zehnten bringen wir das ›Gesetz der Fülle‹ zum Wirken. Es ist eine uralte Erfahrung, daß diese Gepflogenheit unweigerlich die Vermehrung des Vermögens zur Folge hat.

Wer immer dieses Gesetz beachtet – die Großen und Erfolgreichen aller Zeiten taten und tun es – der erfährt und bestätigt, daß sein Einkommen unaufhörlich wuchs und das Auskommen gesichert war. Wenn einer sagt: »Ich habe kein Geld!«, sollte er sich prüfen, ob sich dahinter nicht die Einstellung verbirgt, ›ich kann und mag nichts geben‹. Diese Einstellung ist es, die das Fließen der Fülle aufhält. – Erkennt er diesen Zusammenhang und bejaht er von diesem Zeitpunkt an den Gedanken: »Soviel, daß ich anderen helfen oder für eine gute Sache etwas geben kann, habe ich immer«, erfährt er, wie sich seine Verhältnisse zum Besseren wenden.

Wenn einer sagt: »Ich habe keine Zeit«, sollte er ebenfalls prüfen, ob sich dahinter nicht der Gedanke verbirgt, ›ich habe keine Lust, meine Zeit anderen Menschen oder einem Ideal zu widmen‹. Denn eben diese Einstellung ist es, die ihn nicht zur zeitarm, sondern auch ärmer an Freude- und Glücks-Fähigkeit macht. Hingegen würde er aus der Fülle schöpfen und für alles Gute und Schöne Zeit haben, wenn er von seiner Zeit grundsätzlich einen Teil anderen Menschen oder einer guten Sache widmen würde.

Wenn einer, halbwegs von diesem Gedanken überzeugt, einwendet: Ich will gern einen Teil meines Einkommens einer guten Sache zuwenden, wenn ich ›reich‹ geworden bin, einstweilen kann ich es mir aber nicht leisten«, hat er das Gesetz der Fülle noch nicht begriffen. Denn solange er sich unfähig glaubt, auch von seinem Wenigen einen Teil bereitwillig zu geben, schließt er sich von den Reichtümern aus, die er für seine Zukunft ersehnt.

Gibt er hingegen unter allen Umständen freudig ein Zehntel seines bescheidenen Einkommens, erfährt er bald, daß sein Weg unter allen Umständen zu wachsender Fülle führt, so daß es ihm bald von selbst immer leichter fällt und zum Bedürfnis wird, immer mehr zu geben und immer bewußter aus der Fülle zu schöpfen.

»Mancher teilt mit vollen Händen aus und bekommt immer noch mehr; ein anderer spart mehr, als sich gebührt und wird dabei ständig ärmer«. – Wenn die Bibel mit diesen und anderen Worten das Ergebnis freudigen Gebens die Fülle verheißt, gibt sie damit nur der allgemeinen Erfahrung Ausdruck, daß das Geben des Zehnten der ›Schlüssel zum Reichtum‹ ist.

Das bedeutet: Das Geben des Zehnten erfreut nicht durch den Reichtum, den es auslöst, sondern schon vorher durch die Freude des Gebens. Eben diese ›Freude‹ ist der Schlüssel, der die Tore aufschließt. Das Gelingen sichert und wachsenden Reichtum zur Offenbarung bringt. So empfangen wir bereits, indem wir geben.

Jede freudig-freiwillige Hingabe gleicht einer Einzahlung auf der Bank des Lebens, die sofort reich verzinst wird, je nach der Höhe des Ideals, dem das Opfer dargebracht wird und nach dem Maße der Selbstlosigkeit. Je mehr Menschen von der so unterstützten Sache beglückt, getröstet, bereichert, innerlich und äußerlich höher geführt werden, desto größere Fülle an Inspirationen, Intuitionen und Freude strömt ihm zu, so daß er aus einem Vermögen schenkt, das sich als unerschöpflich erweist.

Um aus der Fülle zu leben, gilt es im Gewißsein der Fülle zu geben. Den Kreislauf des Geldes aus Furcht oder Ich-Sucht zu unterbrechen ist ebenso nachteilig wie die Unterbrechung des Kreislaufs des Sauerstoffes beim Atmen: Wir ersticken, wenn wir nicht mehr aus- oder einatmen; wir verarmen, wenn wir nicht ständig bereit sind zu geben. Was wir ängstlich zurückhalten verdirbt – was wir freudig geben, wächst. Je williger wir uns nach der irdischen Seite hin liebend-verschenkend öffnen, desto größere Fülle strömt uns von der anderen Seite her zu.

---

siehe hierzu auch mein Buch »Die GOLDENE REGEL – Das Gesetz der Fülle« mit einigen Beispielen großer Wirtschaftsführer (Drei Eichen Verlag)

Die Drei Reiche

(Vivos Voco / Die Weiße Fahne 02/61)

Mit der fortschreitenden Selbst-Besinnung, Selbsterkenntnis und stufenweiser Selbstverwirklichung geht eine ständige Bewußtseinserweiterung einher bis zu den einstweiligen Gipfeln kosmischer Bewußtheit, zur Innewerden der Einheit von Selbst und All-Selbst. So gesehen bedeutet Einkehr Heimkehr; Heimkehr in den göttlichen Wesensgrund. Dabei zeigt sich, daß Gott nicht ›über der Welt‹ ist oder ›jenseits der Sterne‹, wie auch der ›Himmel‹ oder das ›Reich Gottes‹ nicht irgendwo im Kosmos oder außerhalb der Welt ist; beide sind in der Welt – überall – als ihr Innerstes, beide sind allgegenwärtig, sind hier und jetzt wie überall und ewig.

Daß Gott in uns ist und gleichzeitig in den Bewohnern etwa eines Sterns in einem zehn Millionen Lichtjahre entfernten Spiralnebel, erscheint zunächst etwas unvorstellbar, wenn man bedenkt, daß das Licht trotz seiner Geschwindigkeit von 300 000 km/sec. 10 Millionen Jahre braucht, um von dort zur Erde zu gelangen, während Gott im selben Augenblick hier wie dort gegenwärtig und wirksam ist...

Verständlich wird diese Tatsache, wenn wir – vom Merkmal der Geschwindigkeit ausgehend – ›drei Reiche‹ unterscheiden, gleichnishaft, denn in Wirklichkeit sind sie eins: Was wir durch unsere

Sinne wahrnehmen ist das uns bekannte *physische Universum,* in dem die höchste Geschwindigkeit die des Lichtes ist. – Was sich uns durch das erwachende kosmische Bewußtsein erschließt, ist das *metaphysische Universum,* das Reich des Geistes, in dem Überlichtgeschwindigkeit herrschen. – Im Zustand der Erleuchtung schließlich beginnt das Innewerden des *göttlichen Universums,* in dem jede Geschwindigkeit unendlich ist und somit Allgegenwärtigkeit vorherrscht. Hier sind unendliche Bewegung und Ruhe eins. Wir nennen dieses Universum das ›Reich Gottes‹, das in uns wie um uns ist, hier und überall, jetzt und immerdar.

In diesem göttlichen Universum sind auch die Millionen Lichtjahre voneinander entfernter Sternensysteme einander näher als die beiden Augen eines Menschen. Hier gibt es weder räumliche noch zeitliche Ferne. Hier ist alles eins. Hier ist das Reich der latenten Potenzen aller Geister und Ideen.

Im *physischen Universum* sind die Gesetze von Raum, Zeit und Körperlichkeit vorherrschend. Es ist das Wirkungsfeld der beiden anderen Universen, deren Willenspotenzen sich hier gedankenverwirklichend steuernd und vervollkommnend auswirken.

Das *metaphysische Universum* hingegen ist das Reich der hierarchisch gegliederten schöpferischen und schaffenden Wesenheiten und Energien, deren steuernde Tendenzen sich im physischen Universum ordnend, harmonie-erhaltend und gottentfaltungs-fördernd auswirken. Hier ist der Quellgrund der genialen Gedanken, Inspirationen, Intuitionen und Erleuchtungen.

Diese drei ›Reiche‹ stehen in ständiger Wechselwirkung. Das heißt, im physischen Universum kann die Materie keine höhere Geschwindigkeit als die des Lichts erreichen. Sie kann aber, wie die Atomphysik entdeckt und demonstriert hat, in Energie umgewandelt und damit zu einem Teil des metaphysischen Universums werden.

In der Tat ist Materie nicht anderes als bis zur Sichtbarkeit transmutierte Energie. Nach der Relativitätstheorie sind Masse und Energie einander proportional, d.h. eine bestimmte Masse entspricht einer bestimmten Energie-Menge.

Energie wiederum ist manifestierter Geist, Ausfluß und Ausdruck göttlichen Urseins. So gesehen ist auch das letzte Atom und Elektron eine Offenbarung der Göttlichkeit, das selbst in seiner ewigen Allgegenwart latent ist und damit nicht offenbar.

Der Mensch gehört allen drei Reichen gleichzeitig an, da sie ja, wie gesagt, eins sind. Das bedeutet: Solange der Mensch sich nur der Kräfte des physischen Universums bedient, kann er die Lichtgeschwindigkeit nicht überschreiten, bleibt also auch bei der immer rasanter sich entwickelnden Raumfahrt auf den Planeten unseres Sternensystems beschränkt. Interstellare Ausflüge würden je nach dem Ziel Jahrhunderte oder gar Jahrmillionen dauern...

Erst wenn der Mensch die Gesetze und Kräfte des metaphysischen Universums erkennt und sich nutzbar zu machen weiß, kann er Planeten der nächstgelegenen Sonne (Alpha Centauri) oder des Andromedanebels erreichen. Aber dessen ungeachtet wird er schon früher fähig sein, augenblicklich Kontakte zu fremden Sternensystemen herzustellen. Bislang haben dies nur einzelne Personen geschafft und davon berichtet. Hier ist der Geschwindigkeit und Wirksamkeit der Gedanken und Willensimpulse keine Grenze gesetzt.

Würde der Mensch im göttlichen Universum aktiv werden können, wären seine Gedanken- und Willensimpulse allgegenwärtig und allwirksam. Er müßte sich nur bewußt werden, daß er durch seinen Körper dem physischen Reich, durch seine Seele dem metaphysischen Reich und durch seinen Geist, seinem Selbst, dem göttlichen Universum angehört.

Von all diesen potentiellen Möglichkeiten hat der Mensch bislang nur den winzigsten Bruchteil aktiviert. Was würde denn geschehen, wenn er durch die Entfesselung der Kräfte seines Selbst in das körperliche Geschehen des physischen Universums eingreifen könnte? – Die Illusion des Raumes und der Zeit würde übersprungen und Dinge bewirkt, die den physischen Sinnen als Wunder erschienen, ohne es zu sein.

Einstweilen ist der Mensch erst auf dem Wege zur Erkenntnis seines Selbst, das älter ist, als das sichtbare Universum und größer als das metaphysische, weil es ein Teil des göttlichen Universums ist. In der Tat ist alles, auch das Höchste, die allumfassende Kraft und Weisheit in ihm anlegt. Mystiker, Eingeweihte und geistige Lehrer können ihm nicht geben, was er nicht schon besitzt; Sie können dem Einzelnen bei seiner Entfaltung nur hilfreich zur Seite stehen, ihn führen: sich dieser Dinge bewußt werden kann er nur selbst.

In jedem Menschen ist das Höchste allezeit lebendig und gegenwärtig. ›TAT TWAM ASI: Alles was lebt und ist, bist Du selbst!‹. Das ist der Sinn aller Religionen; die Wieder-Verbindung mit dem Göttlichen in uns bedeutet: Erwachen im göttlichen Universum.

Mehr Kraft durch Ruhe

(Vivos Voco / Die Weiße Fahne 02/61)

Eine der großen Gefahren für Gesundheit, Spannkraft und Leben ist die Neigung, sich von der allgemeinen Hast und Lebenshetze, sowie der besinnungslosen Jagd nach ›Glück‹ mitreißen zu lassen. Denn ›Hast‹ heißt dem Wortsinne nach ›Streit‹ und führt zum inneren Widerstreit, zur Zersplitterung, Spaltung und Schwächung der inneren Kraft. Darum mahnt Rückert mit recht: »Sei hastig nie, auch wo Du Hast hast; denn seine Ruh' behält, wer Hast haßt.« – Wer seine Ruhe bewahrt, gelassen bleibt, der hat die größere Aussicht, seine Lebensziele zu erreichen – größere, als der Hastende.

Man spricht heute von den ›Manager-Krankheiten‹ und meint damit jene Tendenzen, sich durch Termine, Telefon und Tempo tyrannisieren zu lassen und sich durch unablässige Unrast, Unruhe, Unzufriedenheit und Ungeduld umzubringen.

Wo die Warnsignale der Natur – Kopfschmerz, Appetit- und Schlaflosigkeit, überhöhter Blutdruck, Nervosität und Reizbarkeit – fühlbar werden, sind sie ein Ruf zum Umschalten auf Ruhe, zu der es glücklicherweise nie zu spät ist. Was sie, die Warnsignale uns anraten ist dies: »Mach Schluß mit der ewigen Hast und besinne dich auf die Wahrheit, nach der derjenige, der langsam einhergeht sein Ziel oft leichter erreicht. Blicke weniger auf die Uhr und den Terminkalender sondern viel mehr auf dich selbst; schau in dich hinein und über dich hinaus auf deine Harmonie; wirke dem nervösen Drang nach Tun und Tätigsein durch zeitweise gemütliches Nichtstun entgegen. Gönne dir jede Stunde einige Minuten und jeden Tag zwei Stunden der Ruhe – eine zur morgendlichen Entspannung, Selbst- und Zielbesinnung und eine abends zu gelassenem Lebensgenuß – dann gewinnst du mehr Kraft und Gesundheit und meisterst deine Aufgaben in Beruf und Leben doppelt so leicht!«

Wo Hast und Spannung ist, herrscht auch Unzufriedenheit, Stimmungsabhängigkeit, Sorge und Furcht. Wo aber Entspannung und innere Ruhe durch tägliche Übung zur Gewohnheit wird, da entsteht leibseelisches Wohlgefühl, Zufriedenheit, Vertrauen, Kraftbewußtsein und Überlegens-Gewißheit. Da wird jedes Ziel mit der mutigen Selbstsicherheit dessen angesteuert, der alle Kraft in sich und sich selbst im Lebensganzen geborgen weiß. Shakespeares Wort: »Die beste Wärterin der Natur ist die Ruhe!« meint das.

Mache nun aber nicht den Fehler, Dich statt in die Jagd nach dem Glück in die nach Ruhe zu stürzen, denn »Menschen, die nach Ruhe jagen, die finden sie nimmermehr, weil sie die Ruhe, die sie suchen, in Eile jagen vor sich her.«

Du sollst gar nichts tun, sondern sollst lassen: Dich gelassen der Ruhe überlassen, die von innen her kommt. Wer sich ihr willig hingibt, wird von ihr erhellt und geheilt, geführt und gefördert. Aus der

Ruhe erwächst Harmonie, aus der Harmonie Kraft, aus dieser Gelassenheit und Überlegenheit.

»Willst du im Fluge das Leben durchstürmen,
werden dir Wogen sich entgegen türmen.
Doch wenn gelassen du ziehst deine Bahn,
bringst zum sicheren Hafen du den Kahn.«

Höheres Bewußtsein

(Vivos Voco / Die Weiße Fahne 03/61)

Wie man einem von Geburt an Blinden keine zutreffenden Farbvorstellungen vermitteln kann, so kann sich unser dreidimensional denkendes Bewußtsein höchstens ein annäherndes Bild mehrdimensionaler Wirklichkeiten machen.

Am besten geht man hier von mathematischen Begriffen aus: Unter einer ›Dimension‹ wäre demnach das Ausmaß, die Ausdehnung eines Objektes zu verstehen. Anders gesagt: Eine Linie, nach der die Ausdehnung desselben gemessen werden kann.

1. *Eindimensional* ist eine Linie – einerlei, ob gerade oder krumm, etwa eine Kurve, weil sie nur nach einer Seite, nämlich der Länge nach, meßbar ist.

2. *Zweidimensional* ist eine Fläche – einerlei ob gerade, nach außen gewölbt (konvex) oder nach innen gekrümmt (konkav), weil sie nach zwei Seiten, nämlich der Länge und Breite nach, meßbar ist.

3. *Dreidimensional* ist ein Körper oder ein Raum, weil nach drei Seiten – Länge, Breite und Höhe (bzw. Tiefe) – meßbar.

Hierzu eine Bemerkung: Unsere Augen vermitteln uns beim Blick in Raum- und Körperwelt in

Wirklichkeit zweidimensionale Bilder, weil sie nur Farbkleckse, Licht- und Schattenpunkte sehen, die erst unser Bewußtsein zu dreidimensionalen (räumlichen) Bildern gestaltet werden.

Hier berühren wir bereits die Grenze des für das normale menschliche Bewußtsein erfaßbare, jenseits dessen das liegt, was dem Bereich des kosmischen Bewußtseins zugehört. Um den Zugang zum Verständnis dieses höherdimensionalen kosmischen Bewußtseins zu erleichtern, gehen wir wiederum von einer mathematischen Überlegung aus:

Wie man ein der zweidimensionalen Fläche entsprechendes Produkt aus zwei Faktoren (a, b) und ein dem dreidimensionalen Körper entsprechendes Produkt aus drei Faktoren (a, b, c) bildet, so kann man rechnerisch auch vier, fünf und mehr Faktoren zu einem Produkt vereinigen, das für das Bewußtsein praktisch allerdings unanschaulich unvorstellbar bleibt.

Hier hat jedoch die Einsteinsche Relativitätstheorie eine erste Wandlung herbeigeführt:

4. *Vierdimensional* ist nach ihr das Raum-Zeit-Kontinuum, in dem wir leben und das sich aus dem dreidimensionalen Raum und der eindimensionalen Zeit zusammensetzt. Bekanntlich kamen die Relativitäts-Theoretiker zu dem Ergebnis, daß man von einem Raumpunkt zum anderen nur auf einer gekrümmten Linie gelangen kann, etwa so, wie man

auf einer gewölbten Kugeloberfläche nur der Krümmung folgend von einem Ort zum anderen gelangt. Von da her kam man zu der Vorstellung der Unendlichkeit des Universums, dessen Größe derzeit auf etwa 100 Duodezillionen cbkm (das ist eine Eins mit 68 Nullen) geschätzt wird. Man gelangt in ihm trotz seiner Endlichkeit nirgends an ein Ende, weil alle Linien in ihm wie auf einer Kugelfläche in sich zurücklaufen.

Zeitlich gesehen ist das Universum keine konstante Größe, weil es seit Jahrmilliarden expandiert, d.h., sich allseitig ausdehnt, wobei die Entfernung zwischen den einzelnen Galaxien (Spiralnebel oder Milchstraßensystemen) und innerhalb derselben zwischen den darin befindlichen Sonnen ständig zunehmen und die Fluchtgeschwindigkeit mit der Entfernung wächst. Aber der Begriff der ›vierten Dimension‹ hat noch einen anderen Aspekt: Er stammt ursprünglich von dem englischen Neuplatoniker Henry More (1614–1687), der in seinem ›Handbuch der Metaphysik‹ (1671) zu dem Schluß kam, daß die verkörperten Menschen in drei Dimensionen leben, die unverkörperten, die ›Geister‹, in vier – eine Vorstellung, die Prof. Friedrich Zöller (1834–1882) in seiner ›Transzendentalen Physik‹ (1879) weiter ausbaute. Zöllner berührte damit jahrtausendealte Vorstellungen der indischen Physik und Philosophie, die von vieldimensionalen Weltvorstellungen ausgehen: Danach bildet unser Planet nur den innersten materiellen Kern einer viel ausgedehnteren ›ätherischen Erde‹ die ihrerseits nur den Kern einer noch umfassenderen und feineren ›manaischen Erde‹ bildet – usw...

Dreidimensional, also physisch gesehen, sind unsere Erde und die anderen Planeten untereinander und von der Sonne getrennte, selbständige Himmelskörper, deren mittlere Entfernung von der Sonne zwischen 58 Millionen km (Merkur) und rund zehn Milliarden km (Pluto) betragen.

Vierdimensional, also kosmisch gesehen, berühren sich die ›ätherischen Planeten‹ untereinander, bilden also für das höherdimensionale Bewußtsein ein einziges, von dynamischen Kräften und mannigfachen Lebenswelten erfülltes Ganzes. – Demgemäß reicht die ›ätherische Sonne‹ bis weit jenseits der der Pluto-Bahn, so daß alle Planeten in ihr schweben, während der Umkreis der ›manaischen Sonne‹ bereits den der Nachbarsonnen berührt.

Genauso ist die ›ätherische Milchstraße‹ nicht wie die physisch sichtbare eine, nur durch das Gesetz der Anziehung zusammengehaltene Ansammlung von weit auseinander liegenden Sternenschwärmen und Sonnensystemen, sondern ein geschlossenes, lebendiges Ganzes. Die ›manaischen Milchstraßen‹ wiederum berühren einander und bilden ihrerseits wieder Teile des ›manaischen Kosmos‹, ähnlich den Zellen in einem Organismus...

Dem mehrdimensionalen Bewußtsein erweisen

sich zahlreiche Kosmen als ineinander geschachtelt und damit im fünfdimensionalen Pararaum – als gleichzeitig gegenwärtig.

5. *Fünf- und mehrdimensional* ist der Pararaum, eine sinnenhaft nicht mehr vorstellbare Größe, die jedoch der außersinnlichen Wahrnehmung zugänglich ist, in der die Schranken von Raum und Zeit für Augenblicke übersprungen werden. Das zeitraffende und raumüberspringende ›Hellsehen‹ z.B. ist möglich, weil der geistige Teil unseres Wesens im außersinnlichen, mehrdimensionalen (jenseitigen) Pararaum beheimatet ist, der seinerseits aus zahlreichen Bewußtseins- und Wirklichkeitsebenen besteht. Hier ist der Augenblick Ewigkeit, wie es der Mystiker in der Kontemplation erfährt, in der alle Zeit und aller Raum zu einem ewigen Hier und Jetzt zusammenschrumpft.

Über diesen höherdimensionalen Pararaum noch ein Wort im Zusammenhang mit dem häufiger diskutierten praktisch aber vorerst noch hypothetischen Raumsprung, der sich mit Überlichtgeschwindigkeit im oder über dem Pararaum vollzieht und geometrisch annähernd vorstellbar wird, wenn man sich im Blick auf die Relativitätstheorie vergegenwärtigt, daß der gekrümmte Raum unter Umgehung der Krümmung direkt übersprungen wird.

Um das deutlicher zu machen denke man sich ein Blatt hauchdünnen Seidenpapiers, das nur zwei Dimensionen besitzt, Länge und Breite, bei dem jedoch, wenn es zusammengefaltet oder -geballt wird, sonst weit auseinanderliegende Teile der zweidimensionalen Ebene plötzlich dicht zusammenliegen, nur durch winzige räumliche – also dreidimensionale – Entfernungen voneinander getrennt. Ähnlich denke man sich die gekrümmte Raumfläche so in den Pararaum eingebettet, daß weit entfernte Raumgegenden sich im Pararaum fast berühren, so daß ein Raumsprung scheinbar unendliche kosmische Entfernungen im Nu überbrückt.

Offensichtlich steht jede höhere Dimension zur nächstniederen im gleichen Verhältnis wie der Raum zur Ebene oder Fläche und diese wiederum zur Linie.

Man stelle sich weiter zweidimensionale Wesen vor, in deren Bewußtsein für einen Augenblick ein dreidimensionaler Gegenstand tritt. Sie werden an dieser Erscheinung genauso herumrätseln wie ein Mensch, der erstmals die außersinnliche Erfahrung einer höheren Dimension macht, etwa mit Wesen höherer Welten in Berührung kommt ...

Das ›kosmische Bewußtsein‹ unterscheidet sich vom sinngebundenen menschlichen ›Wach-Bewußtsein‹ eben dadurch, daß es mehr oder minder deutlich höherdimensionale Wirklichkeitsbereiche berührt und wahrnehmbar macht. Christus schaute diese Reiche im Zustand der Erleuchtung, wie sein Wort »In meines Vaters Haus sind viele Wohnungen« spüren läßt, und gleich ihm berühren alle Mystiker und Erleuchteten sie mehr oder minder im Erwachen zum Kosmischen Bewußtsein wenn sie von Himmelswelten sprechen, von der Vielzahl kosmischer Lebens- und Seinsebenen und von der Geistigkeit des Alls.

Gegenseitige Hilfe – Die beste Selbsthilfe

(Vivos Voco / Die Weiße Fahne 03/61)

Der steinzeitlichen These des ›Kampfes ums Dasein‹ und des ›Auge um Auge, Zahn um Zahn‹ setzte Peter Kropotkin als einer der Ersten die Erkenntnis entgegen, daß *»die lebensgemäßeste Form rechter Selbsthilfe die gegenseitige Hilfe innerhalb der Art darstellt. Aus ihr entsteht der Hauptantrieb dessen, was man fortschrittliche Entwicklung nennt.«*

In der Tat kann alle Not gewendet werden, wenn die Notwendigkeit gegenseitiger Hilfe erkannt und bejaht wird. Es sollte unter uns Menschen doch die Möglichkeit geben, sich zu einer Gruppe zusammenzuschließen um dann wie ein Ganzes handeln zu können und ungünstige Lebensbedingungen mit Hilfe der gegenseitigen Unterstützung überwinden zu können.

Im Grunde haben alle Zusammenschlüsse, Organisationen, Verbände und Gemeinschaften ja den Sinn, daß man gemeinsam das schafft, was der Einzelne nicht vermag, so daß durch solche gegenseitige Hilfen jedem Einzelnen geholfen ist. Den gleichen Sinn hatte ursprünglich auch der Zusammenschluß einer Vielzahl von Menschen in Dörfern, Städten und Völkerschaften, wobei der Gewinn für den Einzelnen mit der Größe der Gemeinschaft zunimmt. Die nächste Stufe zeichnet sich in den ›*Vereinten Nationen*‹ ab, deren endgültiges

Wollen das Ende des Leidens durch Kriege, des Ausgeschlossenseins einzelner Völkerschaften vom allgemeinen Fortschritt und Wohlstand auf unserem Planeten mit sich bringen soll und kann.

Aber zunächst einmal gilt es möglichst vielen Menschen innerhalb der Gemeinschaften, zu denen sie gehören, lebendig bewußt zu machen, was John Ruskin so ausdrückte: »Nicht deshalb ist dem Menschen Macht gegeben, damit er den Schwachen unterdrücke, sondern damit er ihm helfe. Damit er das kann und tut, muß er nicht das, was ihn vom anderen trennt, sondern das, was er mit dem anderen gemeinsam hat, herausfinden. Sein Bewußtsein um das des anderen erweitern heißt, sein eigenes Wollen und Glück zu mehren. Jenes wird das reichste Land, das die größte Anzahl edler und glücklicher Menschen hervorbringt; und der wird der Reichste sein, der, nachdem er die Pflichten des eigenen Lebens erfüllt hat, durch seine Person und sein Vermögen auf das Leben anderer, den weitestgehend heilsamen Einfluß ausübt.«

Die Richtschnur fortschreitender Glücksmehrung durch gegenseitige Hilfe ist längst vorhanden: Es ist die Bergpredigt Jesu*), die recht gelesen und befolgt werden sollte, damit es sich als das modernste Lebensbuch erweisen kann, welches wir besitzen.

Aus ihr schöpfte Tolstoi, als er schrieb: »Das Bewußtsein der Einheit unseres Lebens mit allen anderen, offenbart sich in uns durch die Liebe. Die

Liebe ist die Erweiterung unseres eigenen Lebens. Je mehr wir lieben und uns gegenseitig helfen, desto weiter, voller und freudenreicher wird das Leben. Wer andere liebt und ihnen beisteht, hilft immer zugleich auch sich selbst am besten.«

Die Zahl der Menschen, die diese Wahrheit begriffen haben und danach streben, sie zu leben, wächst ständig; einmal werden es alle wissen. Dann wird die Menschheit eine lebendige Gemeinschaft gegenseitiger Hilfe sein. Um uns auf dieses hohe Ziel auszurichten, sollten wir uns oft das Wort Hermann Türcks vergegenwärtigen: »Der Inder sagt: ›*Tat twam asi*‹ – *Dies, der andere, bist Du! Du bist ich!* – Das heißt: Mein Ich lebt in dir noch einmal. Mein Ich ist größer als ich selbst weiß; es ist nicht auf meine Person beschränkt, sondern umspannt alles Existierende. Wenn ich sterbe, so verschwindet nur diese eine Form meines Ich, während unzählige andere bleiben und immer wieder neu entstehen. Der Tod vernichtet mich nicht, denn ich lebe in Gott – und Gott lebt in allem. Die Liebe ist der Ausdruck für dieses Verhältnis; sie vereinigt, was scheinbar getrennt ist – sie bewirkt das Wunder, da der Mensch hinausgeht, über seine begrenzte einzelne Person und in seinen Willen auch die Existenz der anderen aufnimmt. Was heißt lieben anderes als sich bereichern um das, was man liebt? Warum sorge ich für den, den ich liebe, warum helfe ich ihm und opfere sogar mein Leben, wenn es nötig ist? – Weil mein Ich ein Teil seines

Ichs geworden ist; weil ich in ihm lebe, wie er in mir. Ich kann aber mein Ich immer weiter vergrößern und erweitern, indem ich meine Liebe auf immer weitere Kreise erstrecke, bis ich die Existenz der ganzen Welt in meinen Willen aufgenommen habe.«

Dem, der so denkt und handelt, dienen alle guten Mächte des Lebens.

---

*) siehe hierzu auch das Buch »DIE RELIGION DER BERGPREDIGT – als Grundlage rechten Lebens« (Drei Eichen Verlag).

Erfolg – keine Frage des Alters

(Vivos Voco / Die Weiße Fahne 04/61)

Frage eines Lesers: »*Wegen gesundheitlicher Verhältnisse in der Familie mußte ich meinen Betrieb aufgeben und mich umstellen. Nach dem Grundsatz ›Wer nicht rastet, der rostet nicht‹ bin ich daran, mir wieder ein neues Arbeitsfeld zu schaffen. Darf ich mich mit 64 Jahren noch an eine solche Aufgabe heranwagen?*« –

Antwort von KOS: »Sie können sich unbedenklich einer neuen Aufgabe widmen und dürfen damit rechnen, daß Sie Ihr Ziel erreichen und das Errungene später noch in Ruhe genießen. Der Erfolg im Leben – ein Beruf oder eine Berufung – ist keine Frage des Alters, sondern der Einstellung. Sie haben – wie jeder Mensch – nicht das Alter, das Ihre Geburtsurkunde als das Ihres Körpers angibt, sondern das Alter des Inneren, Ihrer seelischen Persönlichkeit. Leistungskraft und Lebenserfolg hängen alleine von Ihrer Freude am Schaffen und Aufbauen, von Ihrer Zielstrebigkeit, Zähigkeit, Ausdauer, Ihrem Lebensmut und Ihrem Selbstvertrauen sowie von ihrem Vertrauen zur Hilfe von ›oben‹ ab.

Es ist ein Aberglaube, daß die geistigen Energien und Fähigkeiten im Alter nachlassen. Die Erfahrung hat längst das Gegenteil bewiesen; Denk- Willens- und Leistungskraft nehmen mit dem Alter zu! Wenn man nicht selbst geistig die Hände in den Schoß legt, sondern unermüdlich weiter schafft, bleibt man bis ins siebte, achte und neunte Jahrzehnt, ja bis zum Ablegen des Körpers geistig beweglich, rüstig und schöpferisch.

Die Kunst, alt zu werden ohne zu altern, ist leicht zu meistern: Bejahen Sie die ewige Jugend der Seele, die Unerschöpflichkeit der inneren Kraft und den ewigen Fortschritt des Lebens, an dem Sie durch unermüdliche Aktivität lebendig teilnehmen, so daß die Jahre spurlos an Ihnen vorübergehen! Achten sie weiter darauf, daß Sie immer positiv gestimmt sind, immer schöpferisch bleiben, immer ein Ziel vor Augen und im Herzen haben.

Meiden Sie die vier Hauptursachen des Alterns: Vor allem den ›Ärger‹, dann die ›Ungeduld‹ sowie die ›Unrast‹, die in Leib und Seele, Spannungen, Stockungen und Schäden auslösen – hiergegen hilft als bestes Hilfsmittel die Gewöhnung an tägliche Entspannung – und schließlich die ›Furcht‹, die durch gläubiges Vertrauen auf die Hilfe von Innen vernichtet werden kann.

Mit 64 Jahren oder auch mit 75 ist man nicht alt, so lange man ganz an eine Aufgabe hingegeben und von ihr begeistert ist. Wer freudig schafft und die Jahre nicht achtet, der altert nicht. Bedenken Sie, wie viele 65- bis 80jährige Männer und Frauen heute im Wirtschafts-, Geistes- und politischen Leben dominieren. Diese Menschen sind nur körperlich ›alt‹; ihre großen Aufgaben halten sie geistig jung und spannkräftig.

Die gleiche Energie steckt in Ihnen und befähigt Sie, Ihre Ziele zu erreichen und Neues aufzubauen, das größer ist als das, was Sie aufgegeben haben. Wenn zum Selbstvertrauen, zur Schaffensfreude und zur Erfolgsbejahung das unbeirrbare gläubige Vertrauen auf den inneren Helfer hinzukommt, werden Sie alle Schwierigkeiten meistern.

Ich und Sie, wir kennen viele ›alte Knaben‹, die auf dem Felde der Wirtschaft, der Wissenschaft und der Kunst die Leistungen der Jungen in den Schatten stellen, weil sie das Leben und ihre Aufgabe bejahen und unermüdlich schöpferisch tätig sind, um mit der Gelassenheit des gereiften Menschen unentwegt ihr Ziel zu verfolgen. Machen Sie es genau so – und Sie werden es schaffen!«

Mehr Muße – mehr Leistung

(Vivos Voco / Die Weiße Fahne 04/61)

Worte wie »Nicht die Arbeit, sondern der Müßiggang ist der Fluch der Menschen; echte Freude erwächst nicht aus Beschaulichkeit, sondern aus Arbeit, die Ihren Wert in sich trägt« und »Verteile sorgsam deine Stunden und fröhne nie dem Müßiggang; das beste Öl auf Herzenswunden heißt Tätigkeit und Arbeitszwang« enthalten, so richtig sie an sich sind, nur die halbe Wahrheit. Der Mann, der den Spruch erfand, »Müßig gehn'n wenn man's recht versteht, ist schwerer als man denken sollte«, verwechselte wie die meisten, Müßiggang mit Muße.

Im Gegensatz zum Müßiggang, der als plan- und nutzlose Zeitvergeudung negativ und unfruchtbar ist und Kräfte verzehrend wirkt, ist rechte Muße positiv, schöpferisch und kräftesammelnd, wie schon die Herkunft des Wortes anzeigt: ›Muoza‹ hatte im Althochdeutschen den Sinn »freie Zeit haben, um neue Möglichkeiten ermessen, bis man sich bemüßigt fühlt, das in der Muße als notwendig erkannte und in Freiheit geplante Ziel anzustreben.«

So gesehen ist rechte Muße eine Quelle neuer Fortschritte und Leistungen. Das ist ihre dynamische Seite. Aber auch ihre rein technische Seite leuchtet unmittelbar ein. Arbeitspsychologen haben festgestellt, daß man in 55 Minuten mehr und Besseres leistet als in 60 Minuten. Wenn man in jeder Arbeitsstunde fünf Minuten der Kurz-Entspannung widmet, wobei man sich lang hinlegt oder entspannt hinsetzt und dabei die Füße hochlegt. Das vertreibt Müdigkeit, erfrischt die Nerven und belebt die Schaffensfreude.

Sie haben weiter ermittelt, daß man, wenn man nach dem Mittagessen einen 20- bis 30minütigen Kurzschlaf einlegt, derjenige nachmittags frischer ist, nachts zwei Stunden weniger Schlaf braucht, resp. morgens eine bis zwei Stunden früher aufzustehen vermag.

Ferner bestätigten Sie, daß die Spitzenkönner durchwegs Menschen sind, die die Kunst der Muße beherrschen, sich jederzeit völlig abzuschalten und zu entspannen gelernt haben. Wer nur daliegt und sich dem Grübeln überläßt, kommt nicht zur inneren Lockerung und Entspannung – und wer nicht entspannt ist, kann sich auch nicht zu Hochleistungen richtig einspannen lassen.

Rechte Entspannung des Körpers und der Gedanken muß geübt werden; aber wenn gekonnt, kommt sie an Wert dem tiefen Schlaf gleich, zu dem der Schlaflose so selten findet, weil es ihn spannt, daß er vorzeitig aufwacht oder gar nicht einschlafen kann. Eben diese Spannung ist es, die ihn unruhig und wach hält. Würde er, statt sich zu sorgen und nachzugrübeln, zu ›lassen‹ lernen und ›gelassen daliegen‹, sich dem Genuß der Muße, Entspannung, Stille und Ruhe überlassen, könnte die Unruhe von ihm abfallen und der Schlaf, der ihn erquickt, kommen. Am Morgen entdeckt er dann, daß er wirklich ausgeruht und frisch ist.

Über das Gesagte hinaus, geht die Erfahrung vieler Erfolgreicher dahin, daß ›aktive Muße‹, maßvoll betrieben, mehr entspannt, als passiver Müßiggang. Statt sich nach der Tagesarbeit mit Faulenzen, Radio, Fernsehen, Kino usw. zu ›zerstreuen‹, ziehen sie es vor, Körper und Geist durch eine freudeweckende Tätigkeit (Sammeln, Malen, Basteln, Gartenarbeit, Wanderungen oder sonst einem Steckenpferd) zu sammeln und zugleich zu entspannen.

Wenn Sie dies beachten und die Kunst der schöpferischen Muße immer besser zu meistern lernen, nehmen Sie sich von selbst immer mehr Zeit zur Muße, und entdecken dabei, daß zugleich Ihre Leistung der Menge wie dem Werte nach zunimmt, weil Sie alsdann auch bei der Arbeit weitgehend entspannter, frischer und schöpferischer bleiben.

Sie wissen dann: »Weniger schuften heißt mehr schaffen. Größere Muße ermöglicht größere Leistung!«

Sklave oder Herr der Arbeit?

(Vivos Voco / Die Weiße Fahne 04/61)

Frage eines Lesers: *»Was tut man, wenn die Arbeit keine Freude macht, wenn man zu seiner Tätigkeit keine innere Beziehung hat und das, was man tut, einem gleichgültig ist? – Wie kommt man aus solcher Unlust heraus und zu einer Tätigkeit, die einem mehr Freude und Gewinn bringt?«* –

Antwort von KOS: »Durch ein wenig Selbstbesinnung! Wenn Sie Ihre Arbeit ungerne verrichten, nur schaffen, weil Sie Geld verdienen müssen, erteilten Befehlen mürrisch nachkommen, ihren Arbeitgeber verabscheuen und sich ausgenützt fühlen, dann sind und bleiben Sie ein ›Sklave der Arbeit‹.

Wenn Sie hingegen schaffen, weil es Ihnen ein Bedürfnis ist und Freude macht, wenn Sie im Arbeitgeber Ihren Partner sehen und dessen Interessen zu Ihren eigenen machen, wenn Sie jeden Befehl aus Selbstachtung zum Selbstbefehl erheben, gewohnheitsmäßig überall Ihr Bestes geben, stets mehr tun als von Ihnen gefordert wird, wo es geht selbst die Initiative ergreifen und, indem Sie vor und bei Arbeit denken, Ihr Tun fruchtbar machen, sind Sie ›Herr Ihrer Arbeit‹, dem der Erfolg, weil Sie schöpferisch wirken, mit wachsender Willigkeit zuströmt. Sie alleine haben die Wahl!

Die Arbeit ist immer nur Rohstoff; das Entscheidende ist immer der Mensch selbst. Aus dem Verhältnis eines Menschen zu seiner Arbeit kann man ablesen, wie weit er es im Leben bringen wird; ob er Angestellter, Hilfskraft bleibt, bloßes Glied in einem Organisations-Organismus – oder ob er in die Schicht der Führenden aufsteigt, die Hand am Hebel haben und den Lauf der Dinge bestimmen.

Ändern Sie Ihre Einstellung zur Arbeit und Gesicht und Umstände Ihrer Tätigkeit werden sich ändern. Es gibt keine Arbeit, die man nicht lustvoller, zweckmäßiger, rationeller oder erfolgreicher verrichten könnte. Denken sie über das ›WIE‹ nach und halten Sie die Augen offen, dann werden Ihnen Einsichten, Möglichkeiten und Gelegenheiten bewußt. Gewöhnen Sie sich an, denkend zu arbeiten, dann werden neue Erfolgsgelegenheiten sichtbar.

Ein Kollege denkt bei der Arbeit und erfindet beispielsweise eine neue Maschine. Ein anderer schafft im Garten mit Eimer und Gießkanne, während sein Nachbar nachddenkt und eine automatische Spritze einsetzt, und die so gewonnene Zeit zu seiner Weiterbildung nützt.

Jeder Fortschritt, jede Erfindung, jede Verbesserung des Lebensstandards ist denen zu danken, die bei der Arbeit nachgedacht haben und nicht ruhten, bis sie heraus gefunden hatten, wie etwas besser, einfacher und leichter gemacht werden kann.

Probieren sie es aus; bald werden Sie dann sehen, daß das Denken bei der Arbeit Ihr Wirken nicht nur reizvoller, sondern auch erfolgreicher macht.«

Durch Dienen verdienen

(Vivos Voco / Die Weiße Fahne 04/61)

Frage eines Lesers: *Ich bin Verfasser von Kurzgeschichten und Heimatgeschichten für Zeitungen und Zeitschriften, habe jedoch das Pech, den größten Teil meiner Arbeiten mit ein paar höflichen Worten zurück zu erhalten. – Warum nur? Wenn die Arbeiten mir Spaß machen, müßten sie doch auch den Lesern und dem Redakteur gefallen, meine ich. Aber es fehlt wohl auf der anderen Seite an gutem Willen, und mir selbst fehlen die Beziehungen... wie kann man dem abhelfen?«* –

Antwort von KOS: »Auf ganz einfache Weise – durch Änderung Ihrer Einstellung. Bisher haben Sie beim Schreiben ›an sich selbst gedacht‹, an IHRE Wünsche, IHREN Willen und IHREN Spaß, statt daran, ob ihre Geschichten auch anderen gefallen.

Denken Sie von heute an zuerst an die Leser und deren Wünsche. Fragen Sie sich, ›Was braucht die Zeitschrift‹, ›Womit kann sie ihrem Leserkreis am besten dienen?‹, ›Welcher Bedarf besteht demzufolge? – Kann ich hier etwas Brauchbares bieten?‹. –

Wenn Sie sich schon bei Abfassung Ihrer Geschichten auf die Leser einstellen und sich bei Ihnen Manuskripten wie in Ihren Begleitschreiben dem besonderen Charakter der einzelnen Blätter anpassen, also in jedem Falle ›dienen‹ wollen, kommt auch der Gegendienst, der Verdienst. Ihre Beiträge werden dann auf größere Aufgeschlossenheit stoßen und leichter angenommen.

Überall im Leben gilt das Gesetz des Empfindens durch Geben, des Verdienes durch Dienen, das Verhältnis von ›Angebot und Nachfrage‹.

Eine Zeitung, die – wie Sie bisher meinten – nicht den guten Willen hat, Ihren Lesern das Beste zu bieten, sondern Günstlingswirtschaft betreibt, würde auf die Dauer nicht existieren können. Nur die Zeitungen, die die Wünsche ihrer Leserschaft aufs Beste kennen und erfüllen, können gedeihen und wachsen. Genau das Gleiche gilt für den Schriftsteller und für jeden anderen Beruf. Vorankommen und Erfolg haben wird immer nur der, dessen Angebot dem Bedarf, der Nachfrage entgegenkommt. Eben darum gilt es, nicht auf sich, sondern zuerst auf die anderen zu sehen und zu ermitteln, was sie wünschen oder brauchen, wofür Bedarf und Nachfrage besteht, um alsdann das, was benötigt und gesucht wird, zu bieten.

Und wenn das Angebot die Nachfrage übersteigt, wie es auf Ihrem Arbeitsgebiet oftmals der Fall ist, dann gilt es, sich durch Qualität durchzusetzen, durch Sonderleistungen in Richtung der stärksten Nachfrage. Denn das Bessere hat auf die Dauer größere Durchsetzungskraft als das ›Nur-Gute‹. – Denken Sie nicht zuerst an die Abnahme Ihrer Arbeiten und an den Lohn, sondern zuerst an die Freude, die Sie Ihren Lesern geben wollen, und geben Sie ihnen mit Liebe Ihr Bestes, dann werden Sie, da für das Beste immer Bedarf ist, auch die entsprechenden Gegengaben ernten und gern gesehen und gelesen werden.«

Eine kleine Vision

(Vivos Voco / Die Weiße Fahne 05/61)

... und nun folgt ein kurzer Aufenthalt auf dem Planeten des Unfriedens, den wir im allgemeinen nur im Rahmen des kosmischen Anschauungsunterrichts bei Juniorfahrten einschalten – als Rückblick auf eine längst überwundene Frühstufe unserer Wesens-Entfaltung.

Schauen Sie sich die Wesenheiten hier genau an. Unser Schutzfeld macht uns für sie nicht wahrnehmbar. Sie nennen sich ›Menschen‹, das heißt ›Denker‹.

Diese Selbstbezeichnung spricht für ihren Humor, da sie mit ihrem Denkvermögen mehr als leichtfertig umgehen, soweit sie es überhaupt verwenden. Denn hier gilt nur Wissen und Besserwissen, während das Wesentliche, das ›Weiser-Werden‹ und ›-Sein‹ hier jedoch die Ausnahme bildet.

Zwar stehen diese Menschen an der Schwelle des kosmischen Zeitalters und der Raumfahrt; geistig aber leben sie noch in ihrer Urzeit und in einem Zustand unsicheren Halbbewußtseins, in Streit und Unfrieden.

Die Periode der Kriege ist noch nicht überwunden ... Kosmisch Erwachte kommen nur als paar hundert Sonnenumläufe vor, und sie dienen nur wenigen als Vorbild.

Ein Spötter hat diesen Planeten als ›Sachverständigen-Heim‹ bezeichnet, weil die Entwicklung der Menschen von der Geburt bis zum Grab von vermeindlich ›Sachverständigen‹ gelenkt, besser gesagt, ›mißgeleitet‹ wird. Eine freie Entfaltung des Einzelwesens mit bewußter Aktivierung seiner kosmischen Anlagen und Kräfte gibt es hier noch nicht.

Sie wundern sich? – Mit Recht! – Sehen Sie dorthin: Ein Kind wird, kaum geboren und zum Dasein erwacht, von ›Sachverständigen‹ in Obhut genommen. Nahrungsaufnahme, Atmung, Bewegung – alles wird überwacht und geregelt. Dann folgt, wie Sie hier sehen, die Schule, die nicht etwa das im Einzelwesen vorhandene Einmalige zu höchster Selbstentfaltung veranlaßt, sondern im Gegenteil in das wehrlose Wesen ›Wissen‹ hineintrichtert, bis ein Eigen-Sein und Eigen-Können erstickt ist.

Hat der junge Mensch diesen Schuldrill, der in Hochschulen, in Fortbildungszentren und ähnlichen Instituten bis hin zur Gedankenerstarrung und -versteinerung fortgesetzt wird, diese Verschlammung seines Gemütes mit unnützem Ballast endlich überstanden, dann nehmen ihn andere Sachverständige in Obhut, zwängen ihn in eine bestimmte Berufsjacke aus der er zumeist zeitlebens nicht mehr herauskommt, wie Ihnen ein Blick in den Zeitraffer zeigt.

Und zwischendurch muß er auch noch einen sogenannten Waffendienst tun für eines der vielen hier vorhanden Mikro-Vaterländer, um bei Bedarf andere Wesen, die er nie gesehen hat und die ihm nie etwas Böses zugefügt haben, anzugreifen, zu verletzen oder gar zu töten. Armer Mensch!

Wenn er, was hier noch die Regel ist, krank wird, treten wiederum ›Sachverständige‹, die ›besser wissen‹ als das eigene Selbst und die Einrichtungen nur für das Kranksein geschaffen haben, in Aktion.

Wenn er, was hier auch an der Tagesordnung ist, mit seinesgleichen in Streit gerät, stehen wiederum ›Sachverständige‹ leitend zur Seite und helfen den Streit zu pflegen.

Wenn sich zwei Menschen fürs Leben verbinden, darf auch das nicht ohne ›Sachverständige‹ gehen, deren Eingreifen dem Bund der Seelen erst Gültigkeit gibt. Dieselben ›Sachverständigen‹ sorgen auch für einen ›geordneten Übergang‹ zur inneren Welt wenn der Mensch stirbt und wieder andere regeln die Verteilung des Nachlasses, den dieser Mensch angesammelt hat...

Ihr Einwand ist berechtigt: Die Erdenmenschen werden planmäßig zu Herdenmenschen verbildet – mit Leithammeln der verschiedensten Wichtigkeitsgrade, für die es auf diesem Planeten mehr Titel und Urkunden gibt, als in der Wüste Sandflöhe herumtanzen.

Blicken Sie nun bitte durch die Augen der Menschen in ihr Inneres, um das Ergebnis dieser Herdenerziehung durch Sachverständige zu erkennen: Jeder Mensch kommt als einmaliges Wesen, als Kraftfeld mannigfaltigster Möglichkeiten zur Welt, mit nur ihm angeborenen Fähigkeiten, deren Entfaltung diesen Planeten des Unfriedens in eine Stätte gemeinsamen kosmischen Fortschritts in Frieden und Freiheit verwandeln würde. Doch statt dessen beendet jeder Mensch sein Leben als ärmliche dressierte Karikatur kosmischer Wesenheit und Machtfülle.

Und warum? – Weil diese Erdenmenschen noch nicht gelernt haben, Frieden zu halten, weder mit sich selbst, noch mit ihresgleichen oder mit dem All. Eben darum steht dieser Planet noch unter Überwachung, damit die Menschen ihren Unfrieden nicht zu anderen Welten hinaustragen...

Aber ich will Ihnen nicht die positive Seite vorenthalten, die die Entwicklung des Erdenmenschen aufzuweisen hat: Seit Jahrtausenden treten hier eigenständige, selbsterwachte Wesen auf, die sich vom Denkzwang frei halten und von den Menschen als Religionsstifter, Weise, Heilige oder Erleuchtete teils verfolgt, teils aber auch bereits verehrt und als Vorbild der eigenen Entwicklung erkannt werden, weil sie lehren, wie jeder Mensch sich selbst verwirklichen und sich aus einem Erden- und Herdenmenschen zu einem selbst-erwachten kosmischen Wesen zu entfalten vermag.

Lächeln wir darum nicht über die insgesamt noch Unfriedlichen, die ihres inneren Lichts und ihrer göttlichen Weisheit noch unbewußt sind!

Auch sie werden eines Tages uns gleich sein und

dann wissen, was Leben wirklich bedeutet. Dann wird auch dieser kleine Planet ein ›Planet des Friedens‹ sein und eine kosmische Heimstatt fortschreitender Vollendung für selbst-erwachte Lichtwesen, wie wir es sind.

... ich hoffe, daß Ihnen dieser kurze Aufenthalt und die Beobachtungen, die Sie während meiner Randbemerkungen mit unseren Raum-Zeit-Lebens-Raffern hier machen konnten, als kleiner Rückblick – zugleich in unsere eigene Urvergangenheit – interessant und dienlich war...

Verlassen wir nun diesen Planeten des ›Noch-Unfriedens‹...

MEDICA-MENTE –

In seines Wortes ursprünglicher Bedeutung:
HEILUNG DURCH DEN GEIST!
(Vivos Voco / Die Weiße Fahne 05/61)

Denen, die glauben, für sie gäbe es keine Hilfe mehr, keine Möglichkeit der Besserung und Heilung, kann aufgezeigt werden, daß der Weg zu Gesundheit niemanden verschlossen ist, weil die Kraft der Erneuerung von innen her in jedem und jederzeit gegenwärtig, wirklich und wirksam ist.

Ausgangspunkt aller Heilung von innen her ist die Erkenntnis, daß der Geist das Primäre ist und der Körper – gleich den Umständen und dem Schicksal – gedankengeboren und von den vorherrschenden Gedanken und Gefühlen ver- oder hochgestimmt, auf jeden Fall bestimmt wird. Erneuerung des Körpers setzt darum eine Erneuerung des Denkens voraus.

Wer gesund werden will, muß erst sein Gedanken- und Gefühlsleben auf dieses Ziel und Vorstellungsbild abstimmen, das Gesundsein zum höchsten Leitgedanken erheben und es dem Gemüt unmöglich machen, über Krankenheitsbefürchtungen und -gefühlen zu brüten. Denn eben dadurch, daß das Denken um Vorstellungen des Müde- und Schwachseins, des Unpäßlich- und Krankseins kreist, werden negative Zustände ins Dasein gerufen, verschlimmert und verewigt.

Jeder Furchtgedanke ist eine Einladung an das

Gefürchtete, im Körper wie im Leben Platz zu ergreifen und zu verweilen. Schon das ängstliche Belauern des Körpers ruft Mißgefühle und Mißstände ins Dasein. Wenn der Körper unser Denken beschäftigt, sollte das nur in Form positiver Vorstellungen des Starkseins und Gesundseins geschehen.

Die Macht der Gedanken und Gefühle über den Körper ist millionenfach demonstriert worden, von dem jedem bekannten Erröten aus Scham, dem Erblassen vor Schreck, dem Schwitzen vor Angst und ähnlichen psychosomatischen Erscheinungen bis zu den Störungen des Kreislaufs und der Organfunktionen durch Furchtgefühle und Erzeugung von Brandblasen und Stigmen durch gefühlsbetonte Autosuggestion.

Emil Coué hat tausendfach dargelegt, wie mannigfach negatives Denken krank, positives hingegen gesund macht. Klinische Versuche haben diese Tatsache bekräftigt.

Einen, gerade im Hinblick auf die geistige Heilung bemerkenswerten Versuch, machte der Hamburger Arzt Dr. Rheder an drei Schwerkranken, bei denen jede Behandlung versagt hatte: Die erste Patientin litt nach einer gelungenen Bauchoperation unter hartnäckigen, quälenden Verdauungsbeschwerden, war zum Skelett abgemagert und wurde von den Ärzten als Todeskandidatin angesehen. Die zweite Patientin war seit Jahren gallenleidend und eine Operation erschien als letzter

Ausweg. Die Dritte war durch ein schweres Krebsleiden, durch Kreislaufstörungen, allgemeine Schwäche und Wasser in den Beinen ans Bett gefesselt.

Dr. Rheder machte folgenden Versuch: Er wandte sich an einen bekannten Geistheiler mit der Bitte, diese drei Patienten zu behandeln. Der Geistheiler sagte zu, nannte die Zeiten der geistigen Behandlung und bat dafür zu sorgen, daß die drei Patienten sich auf ihn einstellen sollten.

Der Arzt unterließ die Unterrichtung der Kranken absichtlich, so daß diese nichts von der geistigen Fernbehandlung durch den Geistheiler erfuhren. Wie Dr. Rheder erwartet hatte, zeigte sich keinerlei Wirkung der geistigen Behandlung.

Nachdem Dr. Rheder den Geistheiler ersucht hatte, seine Sendungen einzustellen, begann er mit dem zweiten Teil des Experimentes: Er gab den drei Schwerkranken eine Schrift des Geistheilers mit Berichten über dessen Heilerfolge, erklärte das Verfahren für unbedingt hilfreich und nannte den drei Kranken dann frei erfundene Sendezeiten mit der Bitte, sich entsprechend darauf einzustellen.

Das Ergebnis: Bei allen Dreien traten während der angegebenen Zeiten Erscheinungen auf, die auf Tiefenentspannung hindeuteten; schwere Arme, heiße Hände, warme Wellen, die zu den kranken Körperstellen strömten, Zunahme des Wohlbefindens.

Der Arzt war geneigt, diese Erscheinungen als

Einbildungen zu ignorieren. Aber was dann geschah, überzeugte ihn von der Macht der Heilung aus dem Geiste: Bei allen drei Kranken trat nach wenigen Tagen eine objektive und nachhaltige Besserung des Befindens ein; die Verdauungsbeschwerden der ersten Patientin verschwanden völlig, sie nahm zu und wurde bald ganz gesund. – Die Zweite hatte keine Schmerzen mehr, mußte aber ein Jahr später operiert werden, weil die Gallensteine nicht verschwunden waren. – Die Dritte verlor das Wasser in den Beinen; in wenigen Tagen schied sie neun Liter Wasser aus, konnte Bett und Krankenhaus verlassen, erlag jedoch einige Monate später ihrem Krebsleiden.

Was Dr. Rheders einfacher Versuch der Heilsuggestion bestätigt, ist die Tatsache der Heilung oder teilweisen Heilung durch den Geist; durch den Geist des Kranken selbst.

Diese Tatsache wurde seit Jahrhunderten immer wieder demonstriert, daß es eigentlich weder dieses Versuches noch eines erneuten Beweises bedurft hätte, um aufzuzeigen, daß es nicht auf den Heiler ankommt, sondern auf den Kranken selbst; auf die Aktivierung seines Vertrauens und damit der Hilfe des Geistigen Arztes in ihm selbst.

Jeder Gedanke hat das Bestreben sich im Rahmen des Möglichen zu verwirklichen, mag er noch so kurz, flüchtig und vom Bewußtsein her unbeachtet sein. Jeder Gedanke nährt und mehrt das, worauf er gerichtet ist. Wer an Kranksein denkt, fördert und verschlimmert es. Wer sein Gesundsein bejaht, erhöht die Schwingungen seines Gemütes, bis es den Bereich der göttlichen Kraftwellen berührt und mit heilenden Energien aufgeladen wird.

Darum gilt es, unsere Gedanken und Worte zu hüten, sie zu überwachen und immer wieder bewußt auf das zu richten, was wir verwirklicht zu haben wünschen.

Damit kommen wir zum Wesentlichen: Zur umstimmenden Wirkung bejahenden Denkens tritt ein Zweites hinzu; der Aufstrom der heilenden Kraft unseres göttlichen Wesenskerns, die Aktivierung dessen, was wir den ›geistigen Helfer in uns‹ nennen oder den inneren Arzt und Helfer, als Folge der Hingabe unseres gläubigen Vertrauens.

Nicht der Gedanke, nicht der Wille, nicht das getrübte Bewußtsein oder die verstörte Seele, sondern der göttliche Geist in uns hilft und heilt uns von innen her nach dem Maße unserer gelassenvertrauenden Hingabe im Sinne des ›Nicht mein, sondern Dein Wille geschehe!‹.

Mit dieser Botschaft wird das fortgesetzt, was Jesus mit seinen Unterweisungen zur Erneuerung des Denkens und zur Heilung und Wiedergeburt aus dem Geiste begann.

Überall im Neuen Testament leuchtet uns diese Botschaft entgegen. Immer wieder belehrt uns Jesus, daß der Geist Gottes in uns, der unseren Körper schuf, jeden Teil unseres Körpers wiederherstellen kann, wenn wir ihn nicht durch Furcht und

Zweifel, Unglauben und negatives Denken und Fühlen daran hinderten, sondern uns seiner Hilfe vertrauensvoll überlassen würden.

Jesus war ein Meister der Kunst, dieses Vertrauen zum Heilsein von innen her in den Menschen zu erwecken. Ihr Vertrauen öffnete ihr Gemüt für die Wahrheit und damit für den Aufstrom der inneren Kraft. Mit dem Schwinden ihrer Zweifel fiel die Schranke, die sie am Gesundwerden hinderte. Und immer wieder verwies er die Geheilten nach innen: »Dein Glaube und dein Vertrauen haben dir geholfen.«

Das gilt heute wie damals. Wer gläubig bejaht und sich gänzlich der Kraft von innen und dem Heilwerden aus dem Geiste überläßt, wird den Aufstrom der heilenden Kräfte erfahren.

Es soll keiner denken, er sei ein hoffnungsloser Fall. Die meisten Kranken, denen Jesus geholfen hat, waren solche Hoffnungslosen – hoffnungslos, weil ohne Hoffnung. Aber all jene, die glaubten, fanden ihre Gesundheit wieder. Eben weil alle anderen Hilfen versagt hatten, weil sonst keine Hoffnung mehr war, setzten sie ihr ganzes Vertrauen in Jesus. Und weil ihr Vertrauen unbegrenzt war, fanden sie uneingeschränkte Hilfe.

Worauf einer vertraut, ist nicht so entscheidend wie die Tatsache, daß er vertraut. Jeder Arzt, dem Vertrauen entgegengebracht wird, kann das Wunder der Heilung von innen her zur Auslösung bringen. Jedes Medikament, auf das der Kranke sein

Vertrauen setzt, kann zur Genesung führen. Der Glaube des Einzelnen, sein Vertrauen bewirkt die entscheidende Mobilisation seiner inneren Selbstheilkraft. Wer dies weiß, der wendet sich gleich zum Wesentlichen und folgt der Forderung: »Medica mente – Heile durch den Geist!«

Schenke dem geistigen Arzt in Dir dein ganzes Vertrauen und laß dich von ihm erneuern! Denn wie der Mystiker sagt:

»Heilung, Gesundheit, Kraft besteht in dem allein,
daß Du vollkommen wirst in Dir und Deinem einig' Sein!«

Damit ist eigentlich gesagt, worauf es ankommt. Wesentlich für den Aufstrom der inneren Heilkraft ist die Entspannung des Körpers, das Vertrauen zu uns und den sich anbietenden Helfern in und um uns.

Solange wir fürchten, verzagen und uns sorgen sind wir körperlich gespannt und gedanklich angespannt, verkrampft, seelisch eingeengt, nach innen verschlossen und unfähig, die Kraft von innen aufzunehmen.

So wie wir uns jedoch entspannen, das Sorgen und Ängstigen (los)lassen, uns willig vertrauend der Heilung von innen her überlassen, kann sich jede Zelle unseres Körpers den neuen Kräften der Harmonie und des Heilseins öffnen und zum Zustand des Gesundseins zurückfinden.

Gehen wir darum oft in die Stille, legen wir uns hin, entspannen wir Körper und Geist, sammeln wir uns auf den ruhigen Rhythmus des Atems, dabei bejahend, daß beim Einatmen die göttliche Kraft durch uns strömt und beim Ausatmen alle Schwäche und Krankheit aus dem Körper abgestoßen wird. – Bei gleichmäßig ruhigem Atem fördern wir die Entspannung mit entsprechenden Gedanken:

»Mein Körper entspannt sich. Hände, Arme, Füße und Beine sind warm, schwer und entspannt. Rumpf, Hals und Kopf sind warm, schwer und entkrampft, alle Muskeln und Nerven sind abgeschaltet, das Herz schlägt ruhig und gelassen, Bewußtsein und Gemüt sind abgedunkelt und ruhig. Alle Sorgen und Schmerzen verklingen, alle Gedanken und Gefühle kommen zur Ruhe. Ich bin ruhig, ich bin still und harre des Aufstroms und Durchstroms der heilenden Kraft in mir.«

---

siehe hierzu auch die beiden Bücher von mir: »SO HEILT DER GEIST« und »MEHR MACHT ÜBER LEIB UND LEBEN«, beide Drei Eichen Verlag

Das verwandelnde Wort

(Vivos Voco / Die Weiße Fahne 05/61)

Es gibt ein Wort, das erfahrungsgemäß jedem Gedanken an eine erhöhte Verwirklichungskraft verleiht, welches schöpferische Energien in uns wachruft und die an dieses Wort gehängten Vorstellungen rascher realisiert.

Viele haben nach diesem Wort gesucht, das ihnen wie ein Zauberwort erscheint, weil es dem Menschen zur Wandlung seines Lebens verhelfen soll, und weil es alle Dinge und Umstände in ihr Gegenteil verwandeln hilft: Ärger in Heiterkeit, Groll in Güte, Verbitterung in Gelassenheit, Haß in Liebe, Mißgeschick in Erfolg, Schwäche in Kraft, Mangel in Fülle...

Immer wieder wird dabei übersehen, daß dieses schöpferische Wort das nächstliegende ist und von uns täglich – unbewußt – im Munde geführt wird.

Dieses verwandelnde Wort heißt: *»Ich bin...«*. Es gibt kein anderes Wort, dem stärkere Schöpferkraft innewohnt. Wenn du sagst: *»Ich bin...«*, dann mobilisierst du mit deinem Schlüsselwort deine innere Kraft und dein Vermögen, das im Zusammenhang mit diesem »Ich bin« von dir Bejahte in Wahrheit zu verwandeln, in die Erscheinung zu rufen. Denn dieses Wort ist ein unabänderlicher Befehl an die Bildkräfte deines Unterbewußtseins und deines Überbewußtseins, sich in Richtung des von dir Befohlenen zu betätigen.

Wie wir mit einer Drehung am Gas- und Wasserhahn, am elektrischen Schalter die entsprechenden Kräfte in unseren Dienst stellen, so bewirkt jedes »Ich bin...« die Einschaltung und Ingangsetzung der entsprechenden Seelenkräfte. Damit verfügst du über eine immense Macht und Kraftquelle. Du übernimmst aber auch eine große Verantwortung dir selbst, wie auch anderen gegenüber.

Wenn du sagst: »Ich bin schwach, müde, arm, krank, alt oder unfähig«, dann mobilisierst du eben diejenigen Kräfte, die das Schwachsein, das Müde-, Arm-, Krank-, Alt- und Unfähigsein anziehen, die die günstigsten Bedingungen für die Herbeiführung des von dir befohlenen Zustandes schaffen.

Wenn du andererseits sagst: »Ich bin stark, reich, gesund, jung...«, dann werden die entsprechenden positiven Energien im Inneren freigesetzt und im Dienste der Verwirklichung des Bejahten eingesetzt.

Wie wir heute wissen, sind die Wirkungen von der geistigen Ursachenwelt auf die uns umgebende materielle Welt unendlich weitreichend und tiefgreifend, weil sie den Charakter von Kettenreaktionen haben, die erst dann wieder aufhören, wenn der bejahte oder befohlene Zustand erreicht ist.

Nun gilt dies schon für den Fall des unbewußten Sprechens oder Denkens solcher mit »Ich bin...« beginnenden Feststellungen, durch die der Ablauf der Dinge im Inneren und Äußeren fest und unverrückbar eingestellt, bzw. eingeschaltet wird. In erhöhtem Maße gilt dies natürlich für den Fall, wo das »Ich bin...« bewußt ausgesprochen wird, im Bewußtsein der Verwirklichung jeder Bejahung im Gewißsein, daß das »Ich bin« das Schlüsselwort ist, das den inneren Verwirklichungsmechanismus von höchster Stelle, vom zentralen ICH, in Richtung des Bejahten in Gang setzt.

Die volle Verwandlungskraft dieses Wortes entfaltest du, sowie du es bewußt aussprichst im Gewißsein, daß du damit eine geistige Verwirklichung bejahst, der die physische Verwirklichung alsbald folgt.

Sagst du nunmehr: »Ich bin stark!«, dann schaltest du damit den vollen Strom der inneren Kraft ein und spürst es alsbald an der Vervielfachung deines Leistungsvermögens. Das gleiche geschieht bei jeder anderen bewußt ausgesprochenen Bejahung. Wenn du auf dem Wege der Wirklichkeitserkenntnis noch einen Schritt weitergehst und erkennst, daß du mit jedem »Ich bin« dein höheres »ICH BIN«, dein Überselbst, wie Emerson es nennt, anrufst, dann weißt du dich mit einem unsichtbaren Helfer verbunden, der nach dem Maße deines Vertrauens zu ihm jedes bewußt gesprochene Wort sichtbar zu einem Schlüsselwort macht, das die von dir als wünschenswert bejahten Dinge ins Dasein ruft!

In Kenntnis dieser Schicksals-Schaltungen wirst du gewiß nur noch das aussprechen, dessen Verwirklichung du ersehnst und dich vor negativen »Ich-bin-Feststellungen« hüten, mit denen sich die meisten Menschen unbewußt und unbedacht selber das Leben schwer machen.

Damit kommen wir zu dem, was die Mystiker aller Zeiten mit der ›Meisterung des Schicksals‹ benennen.

Wer das Schicksal – sein Schicksal meistern will, muß das Gesetz von Ursache und Wirkung beachten, nach welchem jeder erntet, was er sät.

Wer in der Schule des Lebens mit wachen Sinnen alle äußeren Wirkungen auf ihre inneren Ursachen, allen Schein auf das innere Sein zurück verfolgt und immer freudiger die Saat guter Gedanken, Worte, Taten und Wünsche ausstreut und pflegt, der macht sein Leben immer heller und sinnerfüllter und schreitet ständig aufwärts.

Die alten Inder sprachen von der Kunst der ›Karma-Wandlung‹, wobei sie unter ›Karma‹ sowohl die Saat der Vergangenheit verstanden, die in der Gegenwart als ›Schicksals-Ernte‹ in Erscheinung tritt, als auch die Saat gegenwärtigen Denkens und Tuns, aus der das Schicksal der Zukunft emporkeimt und wächst. Beides kann durch rechte Haltung und rechtes Verhalten zum Guten gestaltet, also in dem Fortschritt förderliche Verhältnisse gewandelt werden. Entscheidend ist nicht, was man erfährt, sondern wie man darauf antwortet und was man daraus macht.

Es genügt aber nicht, danach zu trachten, sich

›gutes Karma‹ also günstige Verhältnisse zu schaffen; gar zu leicht macht sich bei diesem Streben die Ich-Sucht breit und ruft – als weitere Folge – das Unkraut der Not ins Dasein.

Wer nur für sich selbst säht, nur ans eigene Wohl denkt um alleine zu ernten wird leichter zum Sklaven seiner Gier und seines Besitzes, als daß er zum Meister seines Schicksals wird. Er muß lernen, die Saat für andere wie für sich selbst dem Ackerboden des Lebens anzuvertrauen. Denn das, was er anderen gibt, schenkt er sich selbst und was er anderen vorenthält raubt er sozusagen auch sich selbst.

Wer also seines Schicksals Meister werden will, muß sein Bewußtsein und Wohlwollen über seines Ichs enge Grenzen hinaus erweitern und auf möglichst viele andere ausdehnen.

Wer also bewußt ausspricht: »Ich bin (auch) für andere hilfreich tätig, erntet für alle und damit für sich selbst des Lebens lebendige Früchte; es hilft ihm seine Bestimmung zu erfüllen und sein Schicksal zu meistern.

Immer bringt die Saat, die der Geist der Liebe aussäht, reichste Ernte und größten Erfolg.

Einflüsterung während des Schlafes
(Zu freien Ufern 06/61)

Frage eines Lesers: *»Kann ich meinem etwas schwierigen Kind, das in der Schule wie daheim folge- und lernunwillig ist, die Suggestionsmethode der ›Einflüsterung während des Schlafes‹ anwenden? – Wenn ja, bitte ich Sie das kurz zu erläutern.«*

Antwort von KOS: »Dieses Hilfsmittel der Kindererziehung, das aus schwererziehbaren folgsame Kinder macht, wendet sich an das Unterbewußtsein des Kindes, das während der Schlafperiode für positive Impulse besonders empfänglich ist, Bejahungen williger aufnimmt und sie in der Folgezeit in den unwillkürlichen Handlungen zu verwirklichen sucht, ohne daß das Kind sich dessen bewußt wird.

Am wirksamsten ist es, wenn Sie, nachdem Ihr Kind eingeschlafen ist, das Schlafzimmer leise betreten, sich ans Kopfende des Bettes setzen und zunächst einige Augenblicke schweigend verharren und sich liebevoll auf das Kind einstellen, um den seelischen Kontakt herbeizuführen. Danach beginnen Sie, ihm leise flüsternd bewußt zu machen, daß Sie es gerne haben und alle guten Kräfte seiner Seele vertrauend bejahen. Zählen Sie in positiven Formulierungen und mehrmaligen Wiederholungen alle die Eigenschaften auf, die Sie bei ihm wünschen und als vorhanden bejahen, also Folgsamkeit, Lernwilligkeit, Aufmerksamkeit, gutes Gedächtnis, Fleiß, Freundlichkeit, Sorgsamkeit, Hilfsbereitschaft usw…

Unterlassen Sie dabei jede Erwähnung negativer Eigenschaften! Die Bejahungen bringen entsprechende positive Anlagen zu rascherer Entfaltung, wobei negative Tendenzen von selbst verschwinden. Sie können auf diese Weise die Entwicklung Ihres Kindes weitgehend von innen her zum Guten lenken und dabei oft mehr erreichen, als alle äußeren Erziehungsmethoden.

Auch der Gesundheitswille des Kindes kann auf die gleiche Weise aktiviert und verstärkt werden; ebenso läßt sich auf diesem Wege ein etwa gewünschtes Verständnis für Dinge und Zusammenhänge wecken, die das Kind während seines Wachbewußtseins nicht zu erfassen vermag.

Die Methode sollte einige Wochen hindurch bzw. bis zu sichtbaren Erfolgen angewandt werden. Um so nachhaltiger ist die Umstellung, die manchmal nicht sofort, in anderen Fällen wiederum fast unmittelbar eintritt – entsprechend der Stärke des seelischen Kontaktes zwischen Mutter (oder Vater) und Kind.

Wenn das Kind während der Einflüsterungen Zeichen des Erwachens zeigt, halten Sie ein, um nach einer Weile fortzufahren, insgesamt etwa eine Viertelstunde. Sie werden Ihre Freude an der Wandlung haben, die sich um so nachhaltiger vollzieht, je mehr Sie Ihr Kind auch tagsüber durch Ihr positives Denken, Verhalten und Tun wie durch Ihre Worte fühlen lassen, daß Sie ihm vertrauen, seine guten Eigenschaften erkennen und annehmen. Das Unterbewußtsein ist bei Kindern besonders empfänglich und reagiert auf jeden Impuls. Um so wichtiger ist es, darauf zu achten, daß nur positive und aufbauende Einflüsse in seine Seele hineingetragen werden, da sie oft das ganze Leben hindurch weiter wirken.

Bei rechter Anwendung dieser Methode kann das Unterbewußtsein des Kindes ihr bester Erziehungshelfer werden; seine Fähigkeit zur Entfaltung und Stärkung aller guten Eigenschaften und Kräfte ist erstaunlich, wenn ihm unablässig die entsprechende positive Geistesnahrung zugeführt wird.

Diese Methode kann schon sehr früh und bis zum 12. Lebensjahr mit Erfolg angewandt werden, manchmal auch darüber hinaus, wobei der Grad der eigenen Überzeugtheit den Erfolg der Bejahungen entscheidend mitbestimmt. Sie können Ihr Kind auf diese Weise mit einem geistigen Schutzwall umgeben, der es über die Entwicklungsjahre hinweg sicher zu wachsender Reife hinführt und sein Gemüt so stark mit den Kräften der Freude, Harmonie, Freundschaft und Liebe erfüllt, daß diese die Haltung und das Verhalten des Kindes sein ganzes Leben hindurch bestimmen.

Denken sie Immer daran, daß, wie Jesus sagte: »Das Reich Gottes inwendig in uns ist« und, daß Sie es durch die geschilderte Methode weitgehend in der Hand haben, Ihr Kind zu einem immer lebendigeren und bewußteren Teilnehmer an der Fülle der lichten Kräfte des Reiches Gottes in ihm zu machen!«

Der sympathische Blick

(Zu freien Ufern 07/61)

Frage eines Lesers: »*Wenn man mit einem Menschen spricht, sieht man ihn in der Regel an und zwar normalerweise wohl mehr unbewußt. Nun ist es bei mir so, daß ich mir dieser Tatsache oft mitten im Gespräch bewußt werde und dann nicht weiß, wohin ich meinen Blick richten soll; auf das linke oder rechte Auge des anderen, auf die Nasenwurzel oder wohin sonst. Dieses Dilemma macht mich unsicher. Wenn Sie mir einen Rat geben können, erklären Sie mir bitte auch das ›Warum?‹. Was empfindet der Gesprächspartner, wenn man z.B. auf die Nasenwurzel blickt?*«

Antwort von KOS: »Wenn Sie einem anderen beim Gespräch starr in die Augen blicken, dann lösen Sie in ihm zumeist unangenehme Gefühle aus, vor allem das der Ungezogenheit. Ähnlich ist es, wenn Sie plötzlich auf seine Krawatte starren; auch das wird den anderen unsicher machen und verärgern.

Am besten blicken Sie auf die Nasenwurzel des anderen – jedoch nicht starr, sondern freundlich, nicht krampfhaft, sondern wie zufällig und so, als ob Sie durch ihn hindurch in die Ferne blicken.

Diesen ›Fernblick‹ können Sie üben, indem Sie die Augen auf einen weit entfernten Punkt richten, dann die Hand in einiger Entfernung vor die Augen schieben, ohne den Blick dadurch zu verändern, so, als wäre die Hand durchsichtig. Sie haben es richtig gemacht, wenn Sie beim Fortziehen der Hand keine Korrektur der Entfernungseinstellung vornehmen müssen. Der Gesprächspartner, den Sie mit diesem Blick ansehen, empfindet Ihren Blick als stark, als magnetisch und sympathisch.

Sie können diesen ›Fernblick‹ auch vor dem Spiegel üben; durch solche Übung wird er zu einem seelischen Automatismus, erfolgt also schließlich unbewußt und wird Sie dann auch nicht mehr unsicher machen. Denken Sie bei diesem Blick: ›Mein Blick ist magnetisch; der andere fühlt Zuneigung und erwidert Sie!‹

Bei der Spiegel-Übung können Sie etwas interessantes beobachten, nämlich, daß die oberen Augenlider bis an den Rand der Pupille herabsinken, wenn Sie ruhig und gleichmütig gestimmt sind, aber bereits bis zum oberen Rand der Iris hinaufsteigen, wenn Sie etwas lebhaft interessiert und noch höher steigen, so daß das Weiße oberhalb der Iris sichtbar wird, wenn Sie stark bewegt oder erregt sind. Diese Bewegungen des Augenlides können willentlich bestimmt werden, so daß dadurch bei anderen der Eindruck des Gleichmuts, des Interesses oder starker Emotionen geweckt und entsprechende Gefühle beim anderen bewirkt werden können.

Vermeiden Sie bei solchen Übungen aber jede Anstrengung des Auges, die zu einem häßlichen

Blick führen kann. Der Blick soll ungezwungen, ruhig-freundlich und vor allem heiter sein; Ausdruck heiterer Seelenstimmung.

»Bei Sonnenschein geht jeder gern aus; bei seelischem Sonnenschein geht jeder gern aus sich heraus.«

Blicken Sie einen anderen nie unentwegt an, sondern nur von Zeit zu Zeit, wenn es gilt seine Aufmerksamkeit zu gewinnen. Folgen Sie auch hier der ›Goldenen Regel‹, indem Sie andere stets mit der Gesinnung anblicken, mit der Sie von einem angeblickt und behandelt werden möchten. Blikken Sie auf andere mit dem Gefühl des Freund-Seins, dann wird Ihr Blick sympathisch und Ihnen Freunde gewinnen. Fühlen Sie bei jedem Blick Ihre innere Kraft, dann wird Ihr Blick magnetisch und macht Ihnen die Überzeugung anderer leichter.

Hier, wie überall ist letztlich das Dynamische wesentlicher als das Technische. Sorgen Sie dafür, daß die Gedanken, die Ihr Blick auf den anderen ausstrahlt, stets positiv, bejahend, freundlich, harmonisch und sympathisch sind, dann werden Sie beim anderen gleichermaßen positive Gedanken und Gefühle auslösen.

Sind Sie – bei Verhandlungen, Vorträgen usw. – einer Mehrheit von Menschen gegenüber, dann ist wiederum der bewußt sympathische Fernblick das einfachste Mittel, mit ihren Zuhörern in harmonischen Kontakt zu treten.

Liebe macht erfolgreicher

(Zu freien Ufern 09/61)

Frage eines Lesers: *»Seit langem verfolgt uns das Unglück. Vor einem Jahr habe ich nun versucht, meinem ›inneren Helfer‹ zu vertrauen. Und wirklich! – Es wurde mir geholfen; ich kann nun meine Familie durchbringen. Aber alleine schaffe ich es nicht; mein Partner sollte auch dazu beitragen. Aber alles, was er unternimmt, endet negativ, obwohl er mit positiven Gedanken ans Werk geht. Ich versuchte meinen inneren Helfer um Beistand zu bitten, damit mein Partner zwei angebahnte Geschäfte erfolgreich zu Ende bringt. Ohne Erfolg. Vielleicht war mein Wunsch zu vage und die Formel: ›Wirke, daß es uns besser geht und mein Partner Erfolg hat!‹, zu allgemein? Wie soll ich vorgehen?«*

Antwort von KOS: »In Ihrem Falle scheinen es zwei Hemmungen zu sein, die auszuräumen sind, damit Ihr Partner mehr Erfolg hat. Das eine ist, daß Sie die sehr gefühlsstarke und tiefverwurzelte negative Vorstellung, daß das ›Unglück Sie verfolgt‹, durch eine noch stärker gefühlte und noch gläubiger bejahte positive Vorstellung ersetzen müssen: ›Mein Partner wird beständig von innen her zum Gelingen hingeleitet und ist in jeder Hinsicht erfolgreich.‹

Diesen Grundgedanken können Sie mannigfach abwandeln und durch die Bejahung bestimmter Erfolge ergänzen.

Das zweite und noch wichtigere ist, daß Sie Ihre Grundeinstellung zu Ihrem Partner ändern. Ihre Bejahung war nicht zu vage; aber es stand nicht die volle Kraft der Liebe dahinter. Sie lieben Ihren Partner, Sie anerkennen seine Beweglichkeit, Leistungsfähigkeit und Einsatzbereitschaft – aber tief innerlich befürchten Sie, daß es wieder negativ enden werde; diese unbewußte gedankliche Schaltung ist es, die Ihren Partner im Grunde seines Wesens unsicher macht, ihm sozusagen einen sicheren Erfolg noch aus der Hand schlagen kann. Ihr – von innen her gesehen – zwiespältiges Verhalten mag auf einen ungelösten Konflikt, auf einer vielleicht zu Beginn Ihrer Partnerschaft erlebten Enttäuschung oder Kränkung seitens Ihres Partners beruhen, so daß im Untergrund Ihres Gefühlslebens Tendenzen vorhanden sind, die dem Erfolghaben Ihres Partners entgegenstehen.

Wenn etwas Derartiges zugrunde liegt, tun Sie gut, diese Hemmung durch gesteigerte Liebe und Fürsorge für Ihren Partner zum Schwinden zu bringen; liegt nichts derartiges vor, ist die Angst vor neuen Mißerfolgen Ihres Partners nur eine Auswirkung seiner früheren Fehlschläge und nicht durch Ihr unbewußtes Verhalten ihm gegenüber bedingt, dann gilt es wiederum, daß Sie sich innerlich von Grund auf umstellen und Ihren Partner von heute an nur noch so sehen, wie Sie ihn zu sehen wünschen und wie er seinem innersten Wesen nach auch ist: stark, selbstbewußt, geschäftsgewandt, lebenserfahren, tüchtig und erfolgreich.

Lassen Sie Ihren Partner von nun an fühlen, daß Sie unerschütterliches Vertrauen zu ihm haben und gewiß sind, daß er ständig mehr Glück und Erfolg bei seinen Unternehmungen haben wird. Bejahen Sie seinen Erfolg mit aller Inbrunst, ermutigen Sie ihn durch Blicke und Worte, stellen Sie ihn in Ihren Gebeten unter den Schutz des Ewigen und fühlen Sie, wie Ihre Liebe sein Selbstvertrauen und seine Erfolgskraft erhöht.

Ihr Partner wird Ihre neue Einstellung bald spüren und fühlen, daß er an Ihnen in guten und schlechten Tagen einen Rückhalt hat und das wird seine Kraft verdoppeln und sein ganzes Verhalten erfolgssicherer machen.

Sie können aus Ihrem Partner einen in jeder Beziehung erfolgreichen und glücklichen Menschen machen – allein durch die Kraft Ihrer Liebe und dadurch, daß Sie die ganze inbrünstige Gläubigkeit Ihres Herzens in die Bejahung hineinlegen, daß er unter dem Schutz des höchsten steht und darum in jeder Hinsicht ein Erfolg sein wird!«

Mehr verdienen als man brauchen kann

(Zu freien Ufern 09/61)

Frage eines Lesers: *»Ich weiß nicht, wie es kommt, aber ich kann mit meinem Einkommen nicht auskommen. Immer habe ich am Monatsende mehr ausgegeben, als ich eingenommen habe, so daß ich Schulden machen mußte und ständig mehr zurückgeben muß. Was läßt sich dagegen tun?«*

Antwort von KOS: »Ihnen, wie all denen, die in der gleichen Lage sind, kann ich nur raten es so zu machen, wie der bekannte amerikanische Bankier James B. Morgan, der den Grundstein zu seinem Riesenvermögen dadurch legte, daß er grundsätzlich sogleich nach Empfang seines Monatsgehaltes von anfänglich $ 300.–, ein Viertel, also $ 75.– bei der Bank einzahlte und sich dadurch dazu erzog, mit dem Rest hauszuhalten.

Wer nur das spart, was am Monatsende übrig bleibt, wird es, wie Morgan mit Recht sagte, nicht weit bringen und noch weniger der, der gerade knapp oder garnicht mit dem auskommt, was er einnimmt.

Wenn Sie im Leben vorankommen wollen, müssen Sie als erstes lernen, weniger zu verbrauchen, als Sie verdienen. Wenn Sie das gelernt haben, werden Sie fähig, den zweiten Schritt zu tun, und durch rechte Erfolgsbejahung zu erreichen, daß Sie ›mehr verdienen, als Sie verbrauchen können‹.

Solange Sie mehr verbrauchen, als Sie einnehmen, stehen Sie immer noch vor dem ersten Schritt auf dem Wege zum Erfolg und müssen zunächst einmal sparen lernen, wie Morgan es lernte, und jede unnötige Ausgabe unterlassen. Wenn Sie das eine Weile beharrlich üben, bis es Ihnen zur Gewohnheit wird, werden Sie entdecken, daß es so viel Spaß macht, daß auch Rückschläge und Verluste Ihnen nicht mehr den Mut rauben können, auf dem neuen Wege fortzufahren. Wer spart, erhöht sein Wertbewußtsein und entfesselt schlummernde Leistungskräfte, ganz abgesehen von seinem wachsenden Wert für die Gesamtheit. Denn schließlich sind es die Sparer, die das Flüssigmachen der für den Bau neuer Wohnungen, Straßen, Eisenbahnen, Brücken und sonstiger Unternehmungen erforderlichen Geldmittel ermöglichen, durch Ihre Ersparnisse Handel und Wandel beleben und den allgemeinen Lebensstandard erhöhen helfen.

Den größten Gewinn aber hat der Sparende selbst; denn seine Selbsthilfe erweist sich bald als Kind der Weisheit und Vater der Freiheit. Womit das Sprichwort bestätigt wird: ›Sparschaft bringt Barschaft.‹

Das Wachsen Ihrer Barschaft wiederum ist Voraussetzung für den zweiten Schritt auf dem Wege zum Wohlstand. Diesen zweiten Schritt tun Sie, wenn Sie lernen, mit wenigem hauszuhalten und auf Unnötiges lächelnd zu verzichten. Diese Kunst meisterte jener Stoiker, der durch die Straßen des alten Rom mit ihren Warenauslagen ging und mit folgender Bemerkung dem Bewußtsein seiner inneren Freiheit Ausdruck gab: ›Wie vieles gibt es doch, was ich nicht brauche.‹

Wer über den Dingen steht, ist nicht nur innerlich reich, sondern wird es schließlich auch äußerlich, weil die Dinge, nach denen er nicht giert, nun ihrerseits nach ihm verlangen und – von selbst zu ihm gelangen. Auch Sie werden das einmal erfahren – aber erst, wenn Sie nach dem ersten auch den zweiten Schritt zum Erfolg bewußt getan haben. Sie werden dann aus der Fülle leben und über Ihre einstigen Sorgen lächeln...«

Der Weg des Zen

(Zu freien Ufern 09 + 10/61)

Wie die christliche Mystik die Krone der abendländischen Religiosität bildet, so ist der chinesisch-japanische *Zen* der Gipfel des *Mahayana-Buddhismus* und der Meditationspraxis des Ostens. Beide Ziele sind eins: Die *unio mystica*, die *Selbst- und Gott-Verwirklichung* wie die *Große Befreiung*, oder der *Durchbruch zum Wesentlichen* – in Japan ›*Satori*‹, in Indien ›*Sambodhi*‹ genannt – bedeuten in gleicher Weise *das Erwachen zum kosmischen Bewußtsein.*

Das wird deutlich, wenn man das Buch des Zen-Lehrers Daisetz Teitaro Suzuki »DER WEG ZUR ERLEUCHTUNG« (Holle Verlag) zur Hand nimmt, das die Praxis der Koan-Übung als Weg zum Satori behandelt. *Satori* — das blitzartige Innewerden der Wirklichkeit – ist Ziel und Gipfelpunkt des Zen: Es ist ein »Erwachen aus dem relativen Bewußtseinsreich« zum höherdimensionalen, absoluten oder kosmischen Bewußtsein, das nicht mit dem Intellekt ergründet werden kann, weil es sich nur der Meta-Logik des innerlich Erwachten erschließt. Man kann verstandesgemäß um den Ort der Quelle wissen; gelöscht wird der Durst aber erst, wenn man aus der Quelle trinkt. Dazu lädt der *Koan* ein.

Die verschiedenen Vorzeichen und Merkmale des kosmischen Bewußtseins wurden bereits be-

handelt, vor allem das Aufflammen des inneren Lichtes. Suzuki nennt einige andere Merkmale von Satori: – Seine Irrationalität (die Unerreichbarkeit dieses Zustandes durch die Ratio);
– Die intuitive Einsicht (wesentlich ausgedrückt: das jähe Verinnerlichen der Wirklichkeit im Augenblick der Erleuchtung).
– Den autoritativen Charakter (das Endgültige und unbedingte dieser Erfahrung, nach der man weiß; So ist es!).
– Den bejahenden Charakter (die positive Wirkung dieser Bewußtseinswandlung).
– Den Sinn für das ›Darüber-Hinaus‹ (das Jenseitige dieser Erfahrung, das Gewiß-Sein des Heimgelangtseins, Nirwana-Bewußtsein).
– Die unpersönliche Stimmung (als Folge der Erweiterung des Ich-Bewußtseins zum All-Bewußtsein, in dem die Persönlichkeit nicht wichtiger ist als der einzelne Tropfen im Meer).
– Das Gefühl der Erhöhung (des Enthobenseins aus dem Dämmer des Alltags in das Licht des All-Tages, aus der Zweiheit in die Einheit).
– Die Augenblicklichkeit (das Unerwartete, Plötzliche und Abrupte des Durchbruchs ins überseiende Sein). Alles Erfahrungen, die der westliche Mystiker beim Aufgang des inneren Lichts in ähnlicher Form macht.

Um dorthin zu gelangen bedient sich Zen seit dem Ende des 9. Jahrhunderts des *Koan*, der die nötige geistige Spannung und Reife, die Krisis und den schließlichen Durchbruch fördern, beschleunigen oder insgesamt herbeiführen soll. Wenn der Übende ›reif‹ ist, also auf dem Wege ist und im Erwachen steht, wird ihm der Koan zum Schlüssel zur Selbstverwirklichung; im anderen Falle bleibt ihm die Frage oder Antwort des Lehrers unverständlich, weil einer anderen Bewußtseinsebene entstammend, und ein Test (für den Lehrer), um die Tiefe seines Seelenbewußtseins zu ergründen.

An sich sind solche Koans durchaus nicht schwer zugänglich – ebensowenig wie ihre westlichen Entsprechungen; die von Mystikern gebrauchten Paradoxa. Beide wollen auf dem Wege nach innen Voranschreitenden helfen, sich von der hindernden Ich-Verhaftung zu lösen, wenn es nicht anders geht durch einen ›geistigen Schock‹, der ihn nach vorne durchbrechen, den Lebenstraum-Riegel sprengen und zur Wirklichkeit erwachen läßt. Dieses plötzliche Herumreißen des Blicks zum ›Ganz Anderen‹ ist förderlich, weil das kosmische Bewußtsein im Ich-Bewußtsein keinerlei Parallelen und Ansatzpunkte findet.

Wer ›reif‹ ist, wird auf den Schock positiv reagieren und mit Lichtgeschwindigkeit aus dem dreidimensionalen Raum und Bewußtsein zum vierdimensionalen Raum und Bewußtsein, zum multidimensionalen Para-Raum und Über-Sein durchstoßen.

Wer nicht reif ist und noch ›schläft‹, wird mit den Achseln zucken. Für ihn ist das Koan unverständlich und unlogisch, denn das Relative kann die Metalogik des Absoluten nicht erfassen. Kein Zen und kein Yoga, keine Koan-Übung und kein mystisches Paradoxon vermag den zu wecken, der noch vom Daseins-Traum umfangen ist. In diesem Stadium befinden sich die meisten Menschen. Aber viele stehen bereits an der Grenze des ›Halbschlafes‹, manche sind im Erwachen und Einzelne gleichen gefüllten Gefäßen, die ein Tropfen zum Überlaufen bringt: Ein spiritueller Anstoß wirft sie aus dem Ich-Traum ins Wachsein. Diesen Anstoß will der Koan geben. Wer sich daran wagt, kann alles gewinnen. Wer kein Vertrauen zu ihm hat, möge die Finger davon lassen.

Zen ist – wie Yoga oder Vedanta – weder Philosophie noch Psychologie, sondern Leben und Erfahrung. Alles übrige ist Deutung ohne Bedeutung. Nicht das Rechthaben gilt hier, nicht Bekenntnis, sondern Erkenntnis. Auch das Höchste hat nur Wert, soweit es eigenes Erleben und Leben wird. Wer die Koan-Fragen und -Antworten verstandesmäßig wertet und untersucht, findet nichts. Denn die Sprache des Koan ist die der Erwachten, nicht die Traumsprache der geistig noch schlummernden. Kein Intellekt kann die Meta-Logik der kosmisch Erwachten fassen; doch das einfachste Gemüt kann jäh von ihr ergriffen und verwandelt werden.

Um dazu zu gelangen, muß man die innere Sammlung über alles stellen und allem aus dem

Wege gehen, was sie stört und mindert – auch das müßige Geschwätz des Alltags und die dekonzentrierende Teilhabe an Versammlungen. Denn Versammlungen verhindern und mindern die Sammlung. Mit einem Wort des Zen-Lehrers Hsui: »Wer sich ernstlich um Zen bemüht, gönnt sich kaum die Zeit, sich die Nägel zu schneiden; wieviel mehr muß es ihm leid tun um die Zeit, die in der Unterhaltung mit anderen vergeudet wird.« Eine Mahnung an jene, die von einer Versammlung und einem Kongreß zum anderen reisen und sich mit jeder ›Zusammenkunft‹ weiter von sich selbst entfernen.

Weiter wird unablässiges Fragen und Forschen gefordert, weil das denn Durchbruch vorbereitet. »Befragt euer Selbst, dringt forschend in euer Selbst ein, spürt nach eurem Selbst und laßt euch nie von anderen sagen, was es ist, noch laßt es mit Worten erklären! Wenn ein Yogi in dieser Weise mit dem Koan ringt, ist er beständig in lebendigem Kontakt mit dem Geist des Zen.«

Eine Koan-Übung wird dem Schüler also gegeben, damit er sich tagein tagaus darauf konzentriert, darüber meditiert und in der Kontemplation und Abgeschiedenheit die Lösung findet und mit ihr – sich selbst.

»Wenn dann urplötzlich etwas in eurem Geiste aufblitzt, so wird dieses Licht das ganze Universum erhellen und ihr werdet das geistige Land der Erleuchtung völlig offenbart sehen in einem einzigen Staubkorn.« (Tai-hui, S. 120).

Wir sehen also, auch Zen kennt das innere Licht.

T'ien-shan berichtet von seinem Erwachen zum kosmischen Bewußtsein: »Es war, wie wenn man sieht, wie die Sonne plötzlich durch die schneebeladenen Wolken durchbricht und hell leuchtet.« (Seite 141). Fast die gleichen Worte brauchte T'ien-chi shui: »Es ist so, wie wenn die Sonne hinter den Wolken hervorbricht und alle irdischen und überirdischen Dinge sich selbst in völliger Objektivität zeigen« (Seite 151). Chan-cho sagte: »Das Licht, in Heiterkeit leuchtend, erfüllt das ganze Universum bis zu seinen fernsten Grenzen« (Seite 133), was der Unerwachte nicht begreift, während es dem innerlich Erwachten selbstverständlich ist: Er sieht selbst im Stein die strahlenden Atom-Sonnen und die Spiralnebel des Mikro-Universums der ›toten‹ Materie lichtsprühend umeinander kreisen.

Ähnlich sah Pascal die flammende Wirklichkeit, als er im Aufgang des kosmischen Bewußtseins ausrief: »Feu! – Lumiere! ...« (Feuer! – Licht! ...), oder Buddha, als er lehrte: »Die ganze Welt brennt!«. Damit zielte er sowohl auf das weltenverzehrende Glühen (des Leidens) wie auch auf das flammende Herz der Welten-Gottheit, das in allem brennt und leuchtet, bis alles zu ihm entflammt, erwacht und heimgekehrt ist...

Doch bleiben wir bei den Voraussetzungen des Koan: »Das Dasitzen mit gekreuzten Beinen, der Yoga-Sitz, nicht das Wesentliche ist«, betont Suzuki, »sondern das innere Rege-Sein, Wach-Sein und

Wachsen.« Ebenso fordert Zen nicht Abwendung von Leben und Beruf, wohl aber die Beharrlichkeit in der Zielsetzung, da der Suchende sonst auf halbem Wege zwischen Samsara und Nirwana hängenbleibt, also die unentwegte Konzentration auf das Wesentliche, wie Ti-e sie meisterte: »Mein Geisteszustand ist wie die Spiegelung des Mondes, der in die Tiefe eines strömenden Gewässers hineinscheint. Die Oberfläche des Bewußtseins ist in rascher Bewegung, während der Mond selbst seine vollkommene Gestalt und Heiterkeit bewahrt, ungeachtet der Bewegung des Wassers« (Seite 133).

Wie wenig das Erwachen zum kosmischen Bewußtsein von äußeren Dingen und Umständen abhängt, machte Yao-shan seinem Schüler Kao bewußt, als dieser noch ein Novize war:

»Wohin gehst Du?« fragte Yao-shan.
»Nach Chang-ling zur Ordination«, war Kao's Antwort.
»Was willst Du damit erreichen?« –
»Ich möchte den Zustand erreichen,
der frei ist von Geburt und Tod.«
»Weißt Du« antwortete der Meister,
»daß hier jemand steht, der
auch ohne ordiniert zu sein,
frei ist von Geburt und Tod?« –

Man kann annehmen, daß Kao erkannte, daß dieser Jemand nicht nur sein Lehrer, sondern auch ›er selbst‹ ist – sein innerstes Selbst. Auch Bücher sind keine Garanten inneren Wachstums und Erwachens. Ein Zenlehrer riet, »nach der Wahrheit des Zen nicht in Büchern zu suchen, da Bücher nur Hinweise auf dem Weg sind, der in uns selbst hineinführt. Wenn eure Selbstbesinnung tiefer und tiefer eindringt, wird sicherlich der Augenblick kommen, da die geistige Blume plötzlich ihre Blüte entfaltet, die das innere Universum mit Licht überschüttet.« –

Was für das Erwachen zum kosmischen Bewußtsein nötig ist, faßt Suzuki folgendermaßen zusammen:

1. *die vorbereitende geistige Ausstattung für das Reifen des Zen-Bewußtseins* (also das Streben nach Selbstverwirklichung);
2. *der starke Wunsch, sich selbst zu transzendieren* (also das Verlangen, die Schranke des Ich-Bewußtseins zu durchbrechen);
3. *die leitende Hand des Meisters* (wenn man sich nicht vom inneren Helfer und Führer leiten läßt);
4. *die Erhebung aus unbekannten Regionen* (der Christ würde sagen: Die helfende Hand von oben, die Gnade, das Sich-Öffnen des Tores sowie angeklopft wird).

K'ung-ku sagte es noch kürzer: »Es gibt drei Faktoren, die beim Zen-Studium das Ziel fördern: erstens, starker Glaube, zweitens, starke Entschlossenheit; drittens, starker Forschergeist« (Seite 121).

Der Koan-Übende muß in sich das richtige Verlangen erwecken, von der Fessel des Karma freizukommen und Erleuchtung zu erlangen. Gleichzeitig muß er sich dessen gewahr sein, daß die Erlangung von Satori gleichbedeutend ist mit der Erweckung der ›Buddha-Natur‹, die tief verborgen in jedermanns Inneren lebt.

Eine Koan-Übung ist also mehr als ein geistiges Rätselspiel: Es greift an die Wurzel der Existenz, zerreißt den Schleier des Ich, der Nichterkenntnis, des Daseins-Traumes, stürzt den zu sich selbst erwachenden Geist in die Erfahrung der Wirklichkeit, indem er ihm bewußt macht, was die chinesische Weisheit so ausdrückt: »Wenn Du in einer Sackgasse bist, gibt es eine Öffnung.«

Das heißt, wenn der Geist sich, als Folge der unablässigen Beschäftigung mit dem Koan-Problem, in einer ausweglos scheinenden Sackgasse sieht, unentrinnbar, und alles Suchen und Nachsinnen einstellt, ist er dem Augenblick des Wachwerdens für das neue Bewußtsein des Freiseins am nächsten. Dann wird ihm das Koan am Rande des Abgrunds zum Sprungbrett, von dem er sich aus dem Diesseitigen, Rationalen, Wesenhaften und Absoluten hinüberschnellen läßt. Das gelingt, wenn er dabei nicht mehr an das Wie und Wohin denkt, sondern ohne Warum (»Sunder warumbe«, wie der Mystiker sagt), jeden Halt fahren läßt und – springt.

Dann kann es geschehen, daß sein Ich zu einem dimensionslosen Punkt wird, der sich im gleichen Augenblick zum All oder All-Selbst weitet. Dann weiß er, jenseits der Leere und des Nichts mit einem Male, ›was er an sich selber hat‹. Mit dem Schrei »Ah, das ist's!« ist er zu sich selbst erwacht.

Diese Erfahrung nennt der Zen das ›Erwachen zur Buddaschaft‹. Der christliche Mystiker nennt es gleichsinnig das Erwachen zum Christus in uns, der Vedantist nennt es das Gewahrwerden des Einsseins von Atma und Brahman, im Neugeist benennt man es mit dem Erreichen des kosmischen Bewußtseins, die Selbst- und Gott-Verwirklichung. Ost und West, Orient und Okzident, berühren sich hier nicht nur, sie sind eins.

Zen sagt, daß jede Koan-Übung ein Geheimnis birgt. Durch Hirndenken wird es nicht enträtselt, wohl aber durch Herzdenken erschlossen, durch willige Nach-Innen-Wendung; kommt die Lösung doch von innen, aus dem Wurzelboden des ›Geheimnisses‹, dem gemeinsamen Heim der ›göttlichen Funken‹, die wir unserem innersten Wesen nach sind: dem kosmischen Bewußtsein!

Eben darin liegt wiederum ein Paradoxon: Um zum kosmischen Bewußtsein zu gelangen, muß uns das kosmische Bewußtsein zu Hilfe kommen. Der Christ nennt es die Bereitschaft, die bereit sein und schlafen zugleich ist – Tun und Nicht-Tun.

Das ist weit mehr, als die Tiefenpsychologie zu erschließen vermag. C. G. Jung wertet Satori als »Durchbruch vom individuellen Bewußtsein zum kollektiven Unbewußten«; in Wahrheit ist Satori der Durchbruch über das kollektive Unbewußte und das Überbewußte hinaus, bis in jenes All- und Gottesbewußtsein, dem Christus Ausdruck gab mit seinem Wort: »Ich und der Vater sind eins«! – Äußerlich mag dieser neue Zustand als eine andere, höhere Form und Dimension des Bewußtseins erscheinen; innerlich ist es ein anderes Sein: ein Über-Sein, oder das überseiende Nichtsein jenseits allen Seins im Sinne Meister Eckeharts.

Wie Zen in der Koan-Übung das Vorhandensein und Wirken der Buddha-Natur im Menschen voraussetzt, so der Mystiker die lebendige Gegenwart des Gottes-Funkens im Seelengrund. »Es ist« wie Suzuki sagt, »in der Tat diese Buddha-Natur selbst, die uns anleitet, nach dem Ort des Einen zu forschen. Daher die Feststellung: Je größer der Glaube, desto stärker der Geist des Forschens und je stärker dieser, desto tiefer die Erfahrung des Satori.«

Es ist das beharrliche und gläubige Anklopfen im Sinne der Forderung Christi: »Klopfet an, so wird euch aufgetan!«

Die Zen-Meister lehren, daß das Universum selbst das größte lebende Koan sei, das den Menschen zur Lösung herausfordere. »Wenn der Schlüssel zu diesem großen Koan mit Erfolg gefunden ist, lösen sich die anderen Koans von selbst.«

Gelöst hat dieses Koan, wer sich im All und das All in sich gefunden hat und zum Bewußtsein seines Einsseins mit dem Unendlichen erwacht ist.

Alsdann begreift er mit T'ien-kung, daß das Geheimnis des ganzen Universums im kleinen Finger verborgen liegt und daß ihm die ernsten Spiralnebel des Kosmos so nah sind, wie die Haut des kleinen Fingers.

In dieser Wahrheitsschau schrumpfen Entfernungen von Milliarden Lichtjahren zu einem Millimikron zusammen und Weltalter gerinnen zu Sekunden. Vergangenheit und Zukunft enthüllen sich als die beiden Gesichter eines Janus-Kopfes; des ewigen Hier und Jetzt. – Greifen wir einige Koans heraus: Keine Erläuterung bedarf die Antwort, die Pai-chang einem Schüler gab, der klagte: »Ich habe mich bemüht, nach Buddha zu suchen, weiß aber nicht, wo und wie ich ihn finden soll.« Pai-chang antwortete: »Das ist gerade so, als wenn man nach einem Ochsen ausschaut, während man auf ihm reitet...«

War der Schüler reif, dann hat ihm diese Antwort bewußt gemacht, daß der Buddha, den er in den Heiligen Schriften und auf seinen Pilgerfahrten suchte, nie außer ihm, sondern als sein innerstes Selbst, immer war und ist, so daß es des Suchens nicht bedarf, sondern nur des Innewerdens und Selbstseins.

Hier ein anderes, oft von Suzuki wiederholtes Koan: Ein Mönch fragte Chao-chou: »Besitzt ein Hund die Buddha-Natur oder nicht?« Chao-chou antwortete: »Wu!« –

›Wu‹ ist der Hundelaut und heißt im chinesischen zugleich ›nicht‹. Aber es geht hier nicht um verstandesgemäße Überlegungen. Der Laut ›Wu‹ ist nur die Schale. In der Versenkung zerbrechen die Schalen und wir gelangen zum Kern. Aber bis der Durchbruch zum Kern gelingt, haben wir das Gefühl einer Ratte, die in einer Sackgasse steckt. Wird die Öffnung erkannt, glückt der Durchbruch, dann ist das Koan gelöst. So liegt in der Antwort die Lösung und Erlösung zugleich. –

Wenn ein Zen-Lehrer seinen Schülern das so einfach klingende Koan gibt: »Alle Dinge kehren in das ›Eine‹ zurück; wohin kehrt das Eine zurück?«, so läuft dies im Prinzip auf das Gleiche hinaus, wie der Rat Meister Eckeharts an die Wahrheitssucher,« ... über Gott hinaus zur Gottheit durchgestoßen.«

Den Geist ganz auf dieses Problem zu sammeln und ihn zu zwingen, unablässig danach zu forschen und zu trachten, dieses Wort in Wirklichkeit zu verwandeln, ist Ziel des Koan, wie auch die mystischen Unterweisungen Meister Eckeharts.

Wer unentwegt fragt und bohrt: »Wohin kehrt das eine zurück?« oder »Wie kann ich über Gott hinaus zur Gottheit durchstoßen?« der verwandelt sich in einen Bohrer, der immer tiefer in das harte Gestein eindringt, bis er plötzlich auf die Goldader der inneren Weisheit und Wirklichkeitserkenntnis stößt und den Durchbruch erzielt, die erste Erleuchtung, der weitere, höhere folgen, wenn er unaufhörlich auf der Spur (des Absoluten) bleibt –

bis er selbst zum Licht und zum Ur-Licht geworden; zum Buddha, zum Christus, zum Brahman, zum Tao, zum überseienden Nichtsein. –

Hier ein ähnlicher Koan-Ausspruch von Chih-jou aus dem Ch'i-hsien-Kloster:

»Zwanzig Jahre lang bin ich als Pilger gezogen
Auf allen Wegen von Osten nach Westen
Und jetzt, da ich mich in Ch'i-hsien befinde
Habe ich nie einen Schritt vorwärts getan.«

Warum nicht? – Weil er Satori erlangt hat. Wenn das göttliche Selbst in uns erwacht, hört alles Suchen und Wandern auf. Dann können wir mit Lao-Tse bekennen: »Ohne aus dem Hause zu gehen kann man die ganze Welt erkennen.«

Für den kosmisch Erwachten gibt es weder Ferne noch Nähe, weder Hier noch Dort, weder Vorher noch Nachher, sondern nur das ewige Hier und Jetzt. –

Aus den Gesprächen alter Meister gibt Suzuki den folgenden Dialog wieder:

Als Hui-neng den Nan-yueh kommen sah,
fragte er:
»Woher kommst Du?« –
»Ich komme von Tung-shau«, war die Antwort. –
»Und was ist das, was kommt?«
war die Gegenfrage.
Es beschäftigte Nan-yueh sechs Jahre lang,
diese drastische Lektion zu lernen,
bis er erkannte:

»Selbst wenn nur gesagt wird, es sei etwas,
so ist das Ziel schon verfehlt!« –

Als I-hai zu Chi'i kam und dieser ihm die gleiche Frage stellte: »Was ist das, was da zu mir kommt?«, da öffnete diese Frage im selben Augenblick I'hai's Geist für den Zustand des Satori – weil er reif war. Das Ergebnis war folgendes Gedicht:

»Was ist das? – kam es fragend von Chi'i.
So befragt ist man bestürzt.
Selbst wenn man sofort nickt und sagt:
›Das ist es!‹
kann man nicht verhindern,
lebendig verbrannt zu werden.«

Dieses Gedicht spielt auf das ›Aufflammen‹ des inneren Lichtes an, das sogar die Körperhülle zu verklären und zu verzehren scheint und den ganzen Menschen von innen her verwandelt.

Eine westliche Parallele zu diesem Dialog haben wir in dem folgenden, einem christlichen Mystiker zugeschriebenen Gleichnis:

Ein Wahrheitssucher klopfte an das Tor der Seelenburg.
Eine Stimme ertönte von innen: »Wer ist da?« –
»Ich bin es«, antwortete der Wahrheitssucher.
Doch das Tor blieb verschlossen.
Aber er lernte aus dem Verschlossenbleiben des Tores, wie seine Antwort zeigt, die er gab, als er nach einer Weile erneut vor der Burg stand

und die Frage erneut ertönte: »Wer ist da?«
»Du bist es!« lautete diesmal seine Antwort.
Und das Tor öffnete sich und ließ ihn ein.

Er hatte begriffen, daß es für das ›Ich‹ keinen Zugang zum Reich der Wirklichkeit gibt, daß das Tor sich erst öffnet, wenn das ›Ich‹ zum göttlichen Selbst geworden ist...

Wenn der Mystiker im Westen sich der Paradoxa bedient, so im gleichen Sinne und mit dem gleichen Ziel wie der Zen sich der Koan's bedient; als Aufschreck- und Weckmittel des Geistes, das den Sucher von den Irrtümern und Irrwegen des Intellekts wegreißen und von der Logik des Ich-Bewußtseins zur Meta-Logik des kosmischen Bewußtseins hinüberleiten soll.

Wird der Sinn des Koan und die Wahrheit erkannt ist kein Koan mehr da, kein Problem und keine Frage. Vorher glich das Koan den wirbelnden Kreisen, die der Fiebernde wahrnimmt, bis er die Besinnung verliert oder – bis er in den Mittelpunkt des Kreises eindringt und geheilt und erlöst – in die bewegungslose Ruhe des Absoluten eintritt. Da ist kein Kreisen und Suchen mehr, keine Unwissenheit und Ungewißheit, sondern die Gewißheit des zur Ruhe Gekommenen, des zur ›Mitte‹ Heimgekehrten. Ein Zen-Meister, Tufeng Chi-shan, beschreibt diesen Zustand wie folgt:

»Hier herrscht völlige Ruhe.
Alle Geschäftigkeit ist erlahmt.

Kaum ein Hauch – und da:
Ein krachender Donnerschlag!
Ein Lärm, der die Erde erschüttert –
und wiederum Stille.
Der Schädel ist in Stücke zerbrochen!
Und erwacht bin ich aus dem Traum.«

›Traum‹ steht hier für Lebens-Traum. Wer erwacht ist, erkennt dies. Wer erwachen möchte, findet in der ›Bergpredigt Christi‹ manches Koan, das den zum kosmischen Bewußtsein Erwachten erkennen läßt.

Auch Buddha bediente sich der Koans: Nach dem letzten Geheimnis des Seins und des Alls befragt, nahm er eine Blume in die Hand und hob sie hoch. Von seinen Jüngern begriff ihn nur Kashyapa, der im gleichen Augenblick vom kosmischen Bewußtsein ergriffen wurde und Buddhas Geste mit einem Lächeln beantwortete, indem das »Ah, das ist es!« lag, das ›Tat twam asi‹ oder ›Ahambrahmasmi‹. Blume und All, Ich und Du – wir sind eins!

Doch das ist nur die von Blitzen der Erleuchtung durchzuckte Peripherie des kosmischen Bewußtseins; über den flammenden Mittelpunkt desselben kann man nichts aussagen, da jedes Wort schon wieder Hülle und Verhüllung des wesenhaften Lichtes ist.

Wer Koans wünscht, findet sie außer in den Schriften der Zen-Lehrer in Lao-Tse's »Tao Teh King«* und den Kommentaren, die dazu gegeben werden, ebenso in den Schriften aller Mystiker und Erleuchteten.

Ein anderes Mittel des Zen, Satori zu erreichen ist die Praxis des ›Nembutsu‹, d.h. des ununterbrochenen Denkens an den Buddha und das ständige Wiederholen seines Namens. Hier ist die chinesisch-japanische Parallele zu Swami Ramdas' Gepflogenheit ständigen Denkens und Sprechens des Namen Gottes Ram, wodurch er zur Erleuchtung fand. Es ist wiederum nichts anderes, wenn der christliche Mystiker sein ganzes Denken und Leben zu einer ununterbrochenen Meditation über Christus macht und den Namen Christi ständig vor sich hinspricht.

Von diesem Nembutsu sagt der Gründer der ›Schule des reinen Landes‹: »Wenn sich jemand, als Folge der ständigen Rezitation des Namens Buddhas, gänzlich in den Buddha-Namen verliert, der überzeitlich ist, so erfolgt die Wiedergeburt, die keinen Anfang und kein Ende kennt.« – Denn die Erleuchtung bringt das negative Karma zum Erlöschen und die Notwendigkeit zur Wiederverkörperung wird aufgehoben.

Schon das ist ein Anreiz, Nembutsu zu üben. Da die religiöse Inbrunst im Osten oft weit größer ist als im Westen, ist es verständlich, daß viele durch das bloße Wiederholen des japanischen Buddha-

---

* (Siehe hierzu auch meine Schrift »Tao Teh King« von Lao-Tse, erschienen im Drei Eichen Verlag.)

Mantrams »Namu amida butsu« bzw. des chinesischen »Nun wu o mi to fo« oder des indischen »Namo amitabhaya buddhaya« (= Anbetung dem Buddha des Unendlichen Lichtes!) zum Wesentlichen gelangen: Zur Erkenntnis der eigenen Buddha-Natur, zum Anzünden des ›Unendlichen Lichtes‹ im eigenen Inneren, also zum kosmischen Bewußtsein.

Diese magische Kraft der Mantren ist auch im Westen wohlbekannt. Recht angewandt, wird auch das Buddha-Mantram zu einem Koan, das den forschenden Geist antreibt, immer weiter zu suchen und zu bohren, bis die Goldader des All-Bewußtseins im Innnersten des Herzens gefunden ist – was insbesondere dann gelingt, wenn Nembutsu als ›rechtes Denken‹ vom ›rechten Leben‹ begleitet wird, und wenn der Geist dabei von Anfang an nicht auf den historischen Buddha (Jesus oder Krishna ...), sondern auf die eigene Buddha-(Christus- oder Krishna- ...)Natur gerichtet wird.

Eine westliche Parallele zum Nembutsu wäre das Konzentrations-Mantram des Mystikers: »Gott in mir!«, wobei aus der Konzentration schrittweise Meditation wird und aus dieser schließlich Kontemplation, die am Ende zum Durchbruch führt; zum Aufflammen des Gottesfunkens und zu seinem Einswerden mit Gott, zum Aufgang des kosmischen Bewußtseins von dem der Zen-Lehrer Hakuin sagt: »In diesem höchsten Augenblick ist Nirwana und Samsara wie ein Traum von gestern und alle Heiligen der Vergangenheit, Gegenwart und Zukunft sind wie die Blitze eines großen Wetterleuchtens. Dies ist der Augenblick des Satori, des Erwachens zur Einheit. Es ist die Gott-Selbst-Verwirklichung, die alle Vollendeten erreicht haben.«

So wurzelt Zen letztlich in der gleichen mystischen Erfahrung wie der Taoismus und der Vedanta, der Sufismus, der Chassidismus und die christliche Mystik. Ob die einzelnen Wege vom Osten oder Westen, Süden oder Norden zum Berg der Erleuchtung führen ist unbedeutend: Auf dem Gipfel des Berges treffen sie sich im gleichen Punkt und Erlebnis. Wer noch Unterschiede sieht und herausstellt, hat das Wesentliche noch nicht erfaßt: Das allen Gemeinsame, jeden erwartende und erlösende kosmische Bewußtsein.

Wer um die Stillen im Lande weiß und ihr Suchen und Streben nach dem Letzten verfolgt, der weiß, daß auch bei uns im Westen viel mehr Menschen ›auf dem Wege sind‹, als die meisten ahnen. Es ist kein Zufall, daß heute eindringlicher denn je vom Weg zur Erleuchtung, zur Vollendung, zum Gott-Erleben gesprochen wird, bahnt sich doch im neuen Zeitalter des Wassermann, in dessen Aufgang wir stehen, ein neues Erwachen aller an, dem letztlich auch die Nöte und Wirren dieser Übergangszeit dienen müssen, als Koan, als Schock, als Antreiber und Helfer beim Erwachen aus dem Traum-Leben oder Lebens-Traum zur Wirklichkeit, zum Wesen, zur ›Mitte‹, zur Selbstverwirklichung und zur ›Alles-umfassenden-Harmonie‹, zum kosmischen Bewußtsein.

Aber alle Nöte und Erfahrungen des Lebens können, wie alle Lehren und Bücher nur eines: den Weg sichtbar machen.

Gehen muß jeder diesen Weg selbst. Erfolgreich gehen wir ihn nur, wenn sein Selbst ihm zum Weg wurde, wenn er selbst zum Weg geworden, bis am Ende keine Wanderer, kein Ziel und kein Weg mehr da ist, sondern Wanderer, Weg und Ziel ›Eins‹ geworden sind.

Erde und Seele

(Zu freien Ufern 11/61)

Wenn man nach innen blickt, scheint die ganze Welt aus Licht zu bestehen. In der Tat mündet auch die naturwissenschaftliche Erkenntnis von heute in die Feststellung, daß von der sichtbaren äußeren Welt das gleiche gilt, was der Mystiker William Law von der unsichtbaren inneren Welt aussagt:

»In der ewigen Natur oder dem himmlischen Reiche besteht die Körperlichkeit aus Leben und Licht; sie ist der glorreiche Leib des Lichts oder das Gewand, worin das Licht gekleidet ist und daher hat sie alle Eigenschaften des Lichtes in sich und unterscheidet sich vom Licht selbst nur als der Behälter und Entfalter all seiner Farben und Kräfte.«

Besinnen wir uns auf die Tatsache, daß unsere Augen nur für einen relativ kleinen Bereich der Lichtwellen empfänglich sind, große Teile der Wirklichkeit bleiben uns also unsichtbar. Diese, für unsere Augen unwahrnehmbaren, übersinnlichen und dennoch realen Teile der Weltwirklichkeit sehen wir so wenig wie jene, die im Bereich des geistigen Lichts und des inneren Auges liegen...

... Wir sehen nicht jene Lichtsphären, die sich von Stern zu Stern und von Galaxis zu Galaxis dehnen und keine Dunkelheit kennen, noch die Fülle des Lebens, das sich in ihnen regt...

... Wir sehen unser Sonnensystem nicht, wie manche Mystiker, als einen ätherischen Globus, dessen Mittelpunkt die Sonne ist, dessen Umkreis weit jenseits der Pluto-Bahn liegt und in dem die Sonne, die Planeten und Monde nur winzig dunkle Punkte mehr oder minder erstarrten Lichts sind ...

... Ebensowenig sehen wir unsere heimatliche Milchstraße oder Galaxis als ein einheitliches Lichtreich, dessen zehn Milliarden Sonnen mitsamt ihren Planeten und Monden nur ebenso viele Pünktchen geringerer Lichtfülle bilden – Schulungsstätten relativ unentwickelter und unerwachter Wesenheiten ...

... Desgleichen sehen wir das Universum nicht als endlosen Lichtozean, in dem die einzelnen Spiralnebel oder Milchstraßen weniger helle Tropfen darstellen, die in der strömenden Lichtflut universellen Lebens kaum ins Gewicht fallen, weil die Räume zwischen ihnen das Wesentliche sind, nicht diese winzigen Zonen verhüllteren Lichts ...

Das alles sieht nur, wer zum kosmischen Bewußtsein erwacht, dessen Licht heller strahlt als die Sonnen und Lichtwolken im All.

Wie dunkel erscheint unseren Augen die Erde! Wohl wissen wir, daß die Temperatur des Erdinneren mit je dreißig Metern abwärts um etwa ein Grad zunimmt, daß fünfzig Kilometer unter unseren Füßen die Erde sich bereits in Weißglut, in zweihundert Kilometern Tiefe im Zustand der leuchtenden Sonnenhülle befindet, und daß der darunter liegende Hauptteil des Erdinneren bis zum Mittelpunkt aus fließendem Licht besteht. Trotzdem fühlen wir uns auf der dünnen Gesteinskruste unserer Erde wohl und denken kaum daran, daß sie eine Sonne ist mit einer erkalteten Hülle.

Noch seltener machen wir uns bewußt, daß auch unsere Seele eine Sonne ist mit einer kalten Körperhülle.

Aber wenn wir uns selbst-besinnend der Lichtwelt in uns zuwenden, mag es sein, daß uns die innere Verwandtschaft von Erde und Seele, All und Ich blitzartig aufgeht und daß uns das Wort von Novalis seinen tieferen Sinn enthüllt:

Der ist der Herr der Erde,
der ihre Tiefen mißt
und jegliche Beschwerde,
in ihrem Schoß vergißt.«

Geognostisch gesehen ist unsere Erde ein Kind der Sonne und – innerlich – sonnenhaft wie ihre Mutter, von der sie einst ausging und in deren Flammenschoß sie am Ende ihrer Bahn zurückkehrt.

Psychognostisch gesehen ist unsere Seele ein Kind der ›Sonne der Seele‹ – der Gottheit – und sonnenhaft wie sie, von der sie einst ausging und in deren flammend' Herz sie am Ende ihrer Weltenwanderbahn heimkehrt.

Seitdem die Erde sich aus der Sonne gelöst hat, erkaltete sie auf ihrer Jahrmilliardenbahn um ihr Zentralgestirn und umkleidete sich zum Schutz gegen die Weltraumkälte mit einem Luft- und Gesteinsmantel.

Gleichermaßen ›erkaltete‹ die Seele auf ihrem Wege durch die Zeit und umhüllte sich mit einem Körpermantel.

Aber wie unter der dünnen Erdkruste die glutflüssigen Magmaschichten und der sonnenheiße Erdkern liegen, so verbirgt sich unter der Körperhülle der Glutkern der Seele.

Stratigraphisch gesehen, besteht die erstarrte Erdhülle aus einer Vielzahl von sedimentären und eruptiven Gesteinsschichten, die teilweise Magmaherde in sich eingeschlossen haben und im übrigen auf der Magmaschicht ruhen. – Gleiches weist, wie schon Plato erkannte, die Seele auf.

Bei der Erde liegen die verschiedenen Gesteinsschichten an manchen Stellen sichtbar zutage. Im übrigen hat der ›Bergmann‹ das Novalis-Wort zum Teil bereits wahrgemacht; indem er in die Tiefen der Erde hinabstieg und ihre Schätze ans Licht brachte, hat er den Menschen zu ihrem Herrn gemacht, wenn auch nur nach der technischen Seite.

Nach der dynamischen Seite wird vielleicht der ›Bergmann der Seele‹ die Vollendung bringen – der, der die Tiefenkräfte der Seele erschließt, und noch mehr der Mystiker, der bis in die Magmaschichten des Seelengrundes vordringt und das innere Licht zum Aufbruch bringt und die Möglichkeit schafft, daß der ruhelose Mensch unserer Zeit auf dem Wege nach innen bis zu jenen letzten Seelentiefen gelange, »in deren Schoß er jegliche Beschwerde vergißt« ...

Doch bleiben wir bei dem Vergleich Erde – Seele! Die obersten Schichten der Erdkruste bilden die känozoischen Formationen, bestehend auf dem Quartär, das das Alluvium mit den Ablagerungen der Gegenwart und das Diluvium mit den Ablagerungen der Eiszeiten, Zwischeneiszeit und Nacheiszeit umfaßt, und dem Tertiär mit seinen verschiedenen Gesteinsschichten.

Bei der Seele entsprechen diese Schichten denen des Körperbewußtseins und des Ich-, Persönlichkeits – oder Wachbewußtseins.

Die nächsttieferen Schichten der Erde sind die der mesozoischen Formationen, bestehend aus Kreide, Jura und Trias mit ihren urtümlichen Lebensformen, deren bemerkenswerteste die der Saurier sind.

Bei der Seele entsprechen diese Schichten denen des Somatisch-Psychischen, Vegetativen, Urtierhaft-Triebhaften bzw. des Unbewußtseins.

Auf der Erde folgen die noch tieferen paläozoischen Formationen: Pern, Karbon, Devon, Silur, Kambrium und Präkambrium.

Bei der Seele entsprechen diese Schichten denen des tiefsten Unbewußten, des kollektiven Unbewußten und des Überbewußtseins.

Noch tiefer liegen in der Erde die archaischen Gesteinsschichten, bestehend aus kristallinischen Schiefern und Gneis-Formationen, in denen bisher keine Spuren organischen Lebens gefunden wurden.

Bei der Seele entsprechen diese Schichten denen des Urbewußtseins. Diese vier Schichten, die die Lithosphäre, die feste Gesteinshülle der Erde bilden, verhalten sich zum Erddurchmesser wie die Dicke einer Apfelschale zum Durchmesser eines Apfels. Ihnen folgen die zäh- und schließlich die glut-flüssigen Magmaschichten und darunter der sonnenhaft-glühende Erdkern.

Bei der Seele entspricht diesen innersten Schichten der Erde das den größten Teil ihres Wesens ausmachende All- oder Gottes-Bewußtsein, das im Kern der Seele glüht – ein Tropfen aus dem Urlichtmeer Gottes.

Wie bei der Erde in vulkanischen Gegenden die Magmamassen der Tiefe von Zeit zu Zeit nach oben drängen, die Erdoberfläche zum Beben bringen und die Kräfte der Tiefe eruptiv zum Vorschein kommen lassen, so brechen bei der Seele zuweilen die Tiefenmächte, von leibseelischen Erschütterungen begleitet, nach oben durch – sei es, daß sich die Gewalten des Unbewußten triebhaft äußern, sei es, seltener, daß die Urkräfte des Überbewußtseins oder des Urbewußtseins und die darin eingesprengten Magmaherde des Gottbewußten nach oben durchstoßen und sich als Inspirationen oder Hellgesichte äußern, sei es noch seltener, daß die Gluten des genialen All- bzw. des kosmischen Gott-Bewußtseins im Aufbruch des inneren Lichts die Bewußtseinsschwelle durchstoßen, bis in die Körperhülle durchbrechen und den inneren Menschen vorübergehend sichtbar werden lassen, der mit vulkanischer Kraft die lastende Hülle sprengt und eine Ahnung von den schlummernden Atom-Energien des Seelenkerns vermittelt.

Wenn wir bis zum Mittelpunkt der Erde vorzudringen vermöchten, würden wir den Zustand, in dem sich die Materie hier befindet, nicht mehr als erdhaft, sondern als sonnenhaft bezeichnen. – Genau so würden wir den innersten Seelenkern, wenn er uns bei der fortschreitenden Seelenerschließung auf dem Wege, den die Mystiker (die Geologen und Paläontologen der Seele) gehen, sichtbar würde, nicht mehr als irdisch-menschlich empfinden, sondern bereits als kosmisch-göttlich erkennen – als Urlicht aus dem flammenden Herzen der Gottheit. –

Wie nun die verschiedenen Gesteinsschichten der Erde unzählige Spuren einstiger Lebensformen bergen, so enthüllen uns auch die Schichten der Seele mit ihren Spuren der Vergangenheit die ›Geschichten‹ der Seele, wobei sich die Entsprechungen zwischen den geologischen Dokumenten einstiger Lebensformen einerseits und dem somatischen und psychischen Erbgut in den Schichten der Seele weiterführen lassen. Aber unnötig, auf Einzelheiten einzugehen.

Die moderne Tiefenpsychologie erweist sich dem Menschen als ein vielschichtiges, jahrmillionen altes Wesen, in dem Erinnerungen an die Vergangenheit nicht nur in ›versteinerter Form‹ abgelagert sind – z.B. als Charaktereigenschaften, Triebe, Rassenmerkmale usw. . . ., sondern auch in lebendig-urtümlicher Form, in den Mythologien wie in den Weisheiten der Menschheit einerseits und in den teils spontan auftretenden, teils experimentell herbeigeführten Rückerinnerungen an frühere Daseinsformen andererseits. Alle diese Zeugnisse der Vergangenheit machen uns wenigstens das eine bewußt, daß in den tiefen Schichten der Seele eine lebendige Chronik aller Erfahrungen schlummert, die die Seele auf ihrem Weltwanderwege durchgemacht hat – eine Chronik, die nicht nur in Denk-und Verhaltensweisen ihren Niederschlag gefunden hat und darüber hinaus toter Staub ist, sondern die in jedem Wesen weiterlebt und zum Teil erweckbar erscheint.

Ursprünglich gab man dem Menschengeschlecht von seinem ersten Auftreten auf diesem Planeten bis zur heutigen Stunde eine Lebensdauer von höchstens hunderttausend Jahren. Heute weiß man, daß das Erb- und Erinnerungsgut der Menschenseele mindestens eine Million Jahre zurückreicht, und man ahnt bereits, daß es weit tiefer in den Abgrund der Vergangenheit hineinragt und vielleicht älter ist als das Mesozoikum, Paläozoikum und Archaikum – weil die Seele, als biologisches Kraftfeld (oder als Lichtquant auf dem Urlichtmeer der Gottheit), von den Wandlungen ihrer äußersten Schicht in Raum und Zeit, der Körperhülle, nicht berührt wird, von Geburt und Tod unangetastet bleibt und weder Anfang noch Ende kennt...

Kosmisch gesehen erscheint uns die Seele so alt wie die Welt; sie trat mit dieser in Erscheinung und Tätigkeit und wird wohl erst von der Daseinsbühne abtreten, wenn ihre Lern- und Entfaltungs-Stätte der sichtbare Kosmos, ins überseiende Nicht-Sein zurückkehrt.

Tierleid ist Menschenleid

(Zu freien Ufern 12/61)

Wenn höher entwickelte Wesen anderer Welten den Evolutionsstand der Hominiden und die Entfaltung des Lebendigen auf unserer Erde beobachten könnten, würden sie unseren Planeten einen »Dunklen« nennen und tiefes Mitleid empfinden, ob der seelischen Unerwachtheit und der mangelnden ethischen und kosmischen Reife des Menschen, der noch nicht gelernt hat, den Reichtum an Liebe und Begeisterung, Glück und Vollkommenheit, der in ihm angelegt ist, zum Wohle aller Wesen zu entfalten.

Sie würden feststellen, daß Nichterkenntnis, Lieblosigkeit und Ichhaftigkeit noch so groß sind, daß der Mensch zu den Leiden, deren die Natur sich zur Höherentfaltung des Lebens bedient, von sich aus noch unnötige und grausame Quälereien hinzufügt. Er peinigt nicht nur sich selbst und seinesgleichen durch unethisches Denken und Verhalten, durch falsche, Schmerz und Krankheit bewirkende Lebensweisen, durch unbewußte und bewußte Grausamkeiten, Verfolgungen, Hunger, Mord und Krieg, sondern auch die hilf- und wehrlose Tierwelt durch Jagd, Ausrottung, Massenmord und durch etwas, was höherentwickelte Wesen schaudernd vor dem Menschen zurückweichen läßt: durch millionenfache Vivisektion.

Es dürfte ihnen unfaßlich sein, daß der Mensch

nicht spürt, wie die Schmerzensschreie der Wehrlosen eine unüberhörbare Anklage bilden, die aus den Tiefen der Ewigkeit ein ›Wehe der Menschheit‹ als Schicksalsecho herbeiruft und bewirkt, daß die Menschheit den Bemühungen aller Religionen zum Trotz, weder zum Frieden noch zur Einheit findet. Denn Einigung im Äußeren setzt Einheit im Inneren voraus: Harmonie des Menschen mit sich selbst, mit allem was lebt und mit dem Ewigen hinter allem Leben und Sein...

Dabei wurde schon vor Jahrtausenden in Indien erkannt, daß der Geist des Lebens auch im Tier am Werke ist, daß das Tier der jüngere Bruder des Menschen und ›Tierleid‹ infolge der Einheit allen Lebens zugleich ›Menschenleid‹ ist.

Bereits im altägyptischen Totenbuch heißt es, daß die Seele nur dann die Rückkehr in leidfreiere, lichtere Welten teilhaftig werden kann, wenn sie vor dem Totenrichter bekennen könne: »Ich habe nie einem Tier ein Leid zugefügt!«

Auch der Begründer der Religion der Erkenntnis, Buddha, lehrte, daß alles Lebendige im Inneren verwandt ist, weshalb jedes Wesen, das Tier so gut wie der Mensch, Anrecht habe auf Beistand und Schutz: »Ein jedes Wesen flieht den Tod, ein jedes Wesen scheut die Qual; drum quäle nicht und töte nicht, sondern sei Hüter und Helfer allem, was da lebt!«

Die größten Geister der Menschheit stellten die Tierliebe neben die Menschenliebe: Sie haben die hilflosen, nach Liebe und Zärtlichkeit sich sehnenden Tiere geschont, gehegt und geliebt, denn aus den dankbaren Augen der Tiere strömten ihnen Wellen höheren Glücks zu und der Segen des Geistes des Lebens.

Die Religionen, die sie begründeten, haben immer wieder das Licht der göttlichen Liebe über die dunkle Erde erstrahlen lassen ...

... Aber die lieblosen Gedanken der ›Unerwachten‹, die Untaten der Tierquäler und die Messer und Apparate der Vivisektoren haben dieses Licht weithin erstickt, seitdem der reine Wille zur Erkenntnis und die Sorge um den kranken Menschen zum bloßen Vorwand wurden für die niedersten Urinstinkte, die je auf einem Planeten zur Entfaltung kamen ...

Ich versage es mir, hier Beispiele der unmenschlichen Grausamkeiten zu geben, die Tag für Tag von Vivisektoren an wehrlosen Tieren begangen werden, um nicht die ebenso abwegige Reaktion des Hasses gegen solche Schänder der Wissenschaft wachzurufen.

Der Blick in die Höllentiefen der Menschenseele, die sich hier auftun, läßt einen vor Entsetzen erstarren. Doch heißt das nicht, daß jene, denen die Ehrfurcht vor dem Leben eine ethische Selbstverständlichkeit bedeutet, nun die Augen vor diesen Unmenschlichkeiten schließen sollen: Die Mitverantwortung für alles, was im Namen der Menschheit geschieht, gebietet, daß gehandelt wird.

Es genügt nicht, daß wir mit Dämonen in Menschengestalt, die wehrlose Tiere als Dank für ihr Vertrauen, ihre Zuneigung und Liebe allen nur erdenklichen Qälereien aussetzen, um aus ihren Reaktionen Hinweise auf ›Heilwege und Heilmittel‹ zu gewinnen, mit geistig Toten, die nicht wissen, was sie damit sich selbst und der Menschheit antun, »Mitleid« empfinden. Daß allen humanitären Bestrebungen zum Trotz Zahl und Mannigfaltigkeit der Vivisektion an Hochschulen und Laboratorien wirtschaftlicher Unternehmen ständig zunehmen, macht den Zusammenschluß aller menschlich Fühlenden, aller ethisch und religiös Empfindenden, die den Grundsatz der Ehrfurcht vor dem Leben bejahen, unerläßlich, damit die Forderung nach Ächtung und Verbot jeglicher Tierquälereien und Vivisektion nicht nur in allen Ländern zum Gesetz erhoben, sondern Tierliebe und Tierschutz zur selbstverständlichen, allgemein ethischen Grundgesinnung werden.

Wenn ich ein Tier ansehe und der Blick seiner bittenden Augen mich trifft, ist es, als steige als Zerrbild seiner Angstträume der Schatten eines Menschen wie ein Gespenst dämonischer Wildheit hinter ihm auf und als wollte die Tierseele mir bewußt machen: »Sieh mich an, Bruder Mensch! Womit haben wir Tiere es verdient, von euch Menschen auf tausendfache Weise verfolgt, gejagt, gequält und gemordet zu werden? Haben nicht die Größten unter euch erkannt, daß wir alle

›eines Wesens‹ und ›eines Lebens‹ sind? Hat nicht euer Heiland der Liebe gesagt, daß vor Gott nicht ein Geschöpf vergessen werde!? Millionen von uns verbluten tagtäglich unter den Schlachtbeilen der Menschen und unzählige von uns werden darüber hinaus von Tierquälern und Vivisektoren Leiden unterworfen, von denen eines, an einem Menschen verübt, alle Menschen zur Abwehr aufgerufen hätte. Zittert ihr Menschen nicht vor dem Tage, da Eure Opfer gegen euch aufstehen?«

Das Tier steht, vor allem im christlichen Abendland, nicht nur auf der Schattenseite des Kreuzes, sondern auf der Schattenseite des Lebens überhaupt, und daran sind nicht nur jene mitschuldig, die quälen und vivisezieren, sondern auch jene, die hier die Augen schließen und im Tier nicht ihresgleichen, sondern eine ›Sache‹ sehen, und nichts tun, um die Leiden der Tierwelt zu lindern und zu mindern. Denn alle Geschöpfe sind Gottes Geschöpfe, und »was wir an den Geringsten unter ihnen, den Tieren, versäumen, versäumen wir an uns selbst«, verhindert unsere eigene Befreiung und Vervollkommnung.

Eine Religion, die nicht Ehrfurcht vor allem, was lebt, predigt und die Tiere, Tierliebe und Tierschutz ausschließt, ist keine Religion, sondern Lästerung dessen, der in allem Lebendigen gegenwärtig ist und – mit einem Franziskus-Wort – fordert, »daß die Menschen auch den Tieren beistehen, da jedes

Wesen in Bedrängnis gleiches Recht auf Schutz hat«.

Wer in diesem Sinne wirken und dem Unrecht an wehrlosen Tieren, vor allem der Kulturschande der Vivisektion, entgegenwirken will, der unterstütze die Arbeiten der Tierschutzvereine und -verbände oder des ›Bundes gegen den Mißbrauch der Tiere‹.

Jedes Leid, das er auf diese Weise verhüten oder mindern hilft, wird sich nach dem Gesetz der ausgleichenden Gerechtigkeit nicht nur für ihn selber in Segnung verwandeln; er wird darüber hinaus durch seine tätige Mithilfe unseren noch dunklen Planeten zu mehr Licht und Frieden und der Menschheit zu lebendigerem Wachsein, zu tieferer Ehrfurcht vor dem Leben und zu größerer Harmonie und Einheit verhelfen!

Lebensregeln zur Selbst- und Schicksalsmeisterung

(Zu freien Ufern 02/62)

I.

1. Glaube an Dich und Deine Bestimmung, Dein Leben zu meistern und glücklich zu sein. Erwarte Großes von Dir, dann rufst Du Großes aus Dir hervor. Dein Leistungsvermögen wächst im Maße Deiner Selbst-Besinnung und Selbst-Bejahung.
2. Erkenne Dich als Kind und Erben der Gottheit – im Besitz kosmischer Kräfte, höchster Weisheit und unbegrenzter Fülle. Erkenne, daß die Schätze Deiner Seele durch rechte Bejahung und Betätigung geweckt und gemehrt werden.
3. Erkenne Dich als Geist und frei von Schwäche und Mangel. Erkenne, daß alle Übel Folgen falschen Denkens und Verhaltens sind, und gewöhne Dich, recht zu denken und immer vollkommener zu leben.
4. Besinne Dich auf Dich selbst, erkenne Dich selbst, bejahe unablässig das Idealbild Deiner selbst und werde, der Du bist. Dein Selbst-Gewißsein und Selbst-Vertrauen ruft Kräfte wach, die nötig sind, um Not in Glück zu wandeln.
5. Erkenne den Geist als das einzig Wirkliche und Wirkende und bejahe, daß es für den göttlichen Geist in Dir keine Schwierigkeiten gibt, kein Hindernis, das nicht überwindbar ist. Wer seiner selbst

Meister war, erneuert auch sein Leben von innen her.
6. Besinne Dich auf Deine Kraft – und alle Schwächen schwinden. Und setze Deine Ideale stets in Taten um, denn Wert hat nur, was in Deinem täglichen Leben zu Wirklichkeit wird.

II.

1. Glaube an das Leben und daran, daß Dir die Fülle bestimmt ist. Dein Glaube wandelt Möglichkeit in Wirklichkeit und führt Dir zu, was Du ersehnst.
2. Erkenne, daß dort, wo du bist, immer die Sonnenseite des Lebens ist. Sieh nur die lichte Seite der Dinge, dann überwindest Du das Dunkel in ihnen. Und zugleich wird es in Dir heller – und die Gespenster der Sorge und Angst, die nur im Dunkeln zu leben vermögen, bleiben Dir fern.
3. Bejahe, daß heute die günstigste Zeit für Deinen Aufstieg ist. Keine Zeit ist Dir geneigter als die Gegenwart. Gib Dein Bestes – und die Zeit wird Dich segnen.
4. Erwarte stets das Beste vom Leben und von der Umwelt. Denn was Du erwartest, das ziehst Du herbei. Doch harre nicht auf fremde Hilfe, sondern hilf Dir selbst und hilf auch anderen, sich selbst zu helfen.
5. Gedenke beständig der schicksals-gestaltenden Macht der Gedanken. Was du beharrlich bejahst,

das wirst Du, das rufst Du ins Dasein. Stets ziehst Du herbei, was Deiner vorherrschenden geistigen Haltung gemäß ist.

6. Trage stets einen Wunsch im Herzen, nach dem sich Deine schöpferischen Seelenkräfte richten und an dem sie sich bewähren können. Bejahe, was Du wünschest bis es Wirklichkeit wird. Und dann setze Dir abermals höhere und edlere Ziele.

7. Denk', sprich und wirke nur das Gute. Glaube an Dein Wohlergehen, Dein inneres und äußeres Wachstum und Fortschreiten. Laß keinen Gedanken an Schwäche und Kranksein in Dein Bewußtsein; um so sicherer bleiben sie auch Deinem Leben fern.

III.

1. Erkenne, daß Du Deinem wahren Wesen nach vollkommen und dazu bestimmt bist, die innere Vollkommenheit auch nach außen hin in Wirklichkeit zu wandeln.

2. Richte Dich bei Zweifeln nie nach fremder Meinung, sondern nach Dir selbst und Deinem Gewissen. Trage Deine Fragen und Sorgen in der Stille vor Deinen inneren Helfer, vertraue seinem Beistand, laß dich von seiner Kraft erfüllen und von seiner Weisheit leiten.

3. Gehe im Vertrauen auf Deine innere Kraft keinem Übel und Hindernis aus dem Wege, sondern schreite ihm mutig entgegen, und darüber hinweg.

Erkenne, daß Du stärker bist als jede Not. Denn Dein Schicksal bist – Du selbst!

4. Halte Ärger und Erregung von Deiner Seele fern und bewahre Dir auch in widrigen Lagen jene gelassene Heiterkeit der Seele, die Merkmal des Weisen ist. Ein heiterer Sinn wirkt der Schwerkraft der Erde entgegen und erhöht Dein Überwindungsvermögen.

5. Erwarte von anderen wie von Dir selber nur das Beste. Dein Glaube an ihren guten Willen und ihr Können weckt ihre positiven Kräfte und ruft, als Echo, die gleichen Kräfte auch in Deiner Seele wach.

6. Laß nichts Deine innere Harmonie und Einheit stören. Laß Dich von niemand und von nichts verstimmen. Denn Harmonie ist Kraft. Im Einklang mit Dir selber wirst Du zu allem was geschieht, die rechte Haltung haben und stets das Beste daraus gewinnen.

7. Beende keinen Tag ohne abendliche Rechenschaft. Entspanne Körper und Gedanken, befriede Dein Gemüt, wende Dich gelassen nach innen und schalte Dich beim Einschlafen willig ein in den göttlichen Strom des Friedens und der erneuernden Kraft: »Den Seinen gibt's der Herr im Schlafe.«

IV.

1. Erkenne alles, was ist und geschieht, als Stufe zu Besserem und Höherem. Befreunde Dich mit

ihm – und selbst ein Ungemach wird Dir aus einer Last zum Lastenträger. Bejahe, daß alles gut ist, auch wenn Du noch nicht siehst, wofür; dann wendet sich alles zum Besten.

2. Bleibe nie beim Wünschen und Hoffen stehen, sondern handle und wirke, was der Erreichung Deiner Ziele dient. Achte darauf, daß Gedanke und Wunsch, Wille und Tat stets eins sind, damit Deine Ideale Wirklichkeit werden. Der echte Glaube spürt im Keim das Kommende, darum träumt er nicht, sondern handelt.

3. Suche aus allem das Beste zu machen und wende nie den Blick zurück. Wer in allem nach dem Besten ausschaut, wird aus allem das Bestmögliche gewinnen. Wer bejaht und liebt, was ihm begegnet, dem begegnet schließlich nur noch, was er liebt und bejaht.

4. Gib stets Dein Bestes – einerlei, was Du wirkst. Laß Deine Arbeit sichtbar gemachte Liebe sein. Mach, was Du tust zu Deinem Meisterwerk und glaube an den Erfolg Deines Wirkens. Je mehr Du Dich in Deinem Werke gibst, desto größere Fülle ruft es hervor.

5. Sei stets ein Sender guter Gedanken. Denn jede Empfindung und jeder Gedankenimpuls weckt in den Seelen anderer Widerhall und Tat-Impulse, die der Richtung Deiner Gedanken entsprechen.

6. Urteile und richte nie über andere. Denn mit dem gleichen Maße wirst Du gemessen. Nur wer ohne Fehl ist, möge richten; doch dieser richtet nicht,

weil er vor lauter Licht keine Schatten mehr sieht.
7. Sei gütig und voll Liebe gegen alle Wesen – Mensch und Tier. Es ist das eigene Glück, das Du mehrst. Sorge stets, daß was Du denkst und tust, allen nützt. Denn Dir dient dauernd nur, was allen dient.

Der Kelch des inneren Lichts

(Zu freien Ufern 06/62)

In der Arthus-Sage ist der Gral ein Wunder wirkender Kelch aus Jaspis, der dem Reinen und Auserwählten Glück und Vollendung verheißt.

Noch früher galt der Gral als Symbol des, einem Kelche gleich nach oben geöffneten, lichtwärts strebenden Menschenwesens – Sinnbild der All-Aufgeschlossenheit der Seele, die sich im Erwachen, der Lotosblüte gleich, froh dem Lichte aufschließt.

Uralte und tiefe Weisheit liegt diesem Sinnbild zugrunde: Dem Gral (Kelch) gleich soll unseres Wesens Innerstes sich dem Geiste offen halten und für den Einstrom der Liebe, des Lichts und des Lebens Gottes bereit sein – bis die Harmonie mit dem Unendlichen, das Einssein mit dem Ewigen erreicht ist.

In diesem Sinne war der Gral seit je – als Wahrzeichen der hoch entwickelten Menschen – ein Symbol der Einheit von Erkennen und Tun, wobei der Kelch mit seiner Öffnung nach oben das ›Erkennen‹ symbolisiert, der Fuß des Gral das ›Tun‹. Beides umschließt Goethes Bekenntnis: »Ich glaube, daß wir einen Funken jenes ewigen Lichtes in uns tragen, das im Grunde des Seins leuchten muß und das unsere schwachen Sinne nur von ferne ahnen können. Diesen Funken in uns zur Flamme werden zu lassen und das Göttliche in uns zu verwirklichen, ist unsere höchste Pflicht.«

So ist der Gral für uns ein Mahnzeichen, im mutigen Glauben an unser Bestimmtsein zu fortschreitender Vervollkommnung uns beständig für den Einstrom der göttlichen Liebe, Freude und Kraft von oben offen zu halten und aus dieser Liebeskraft, willig Böses mit Gutem zu vergelten, bewußt alles zum Besten zu wenden und das Dunkel des Leides mit Freude zu durchlichten – im stehenden Gewißsein, daß keine Nacht so dunkel und keine Not so abgrundtief ist, daß nicht der Liebe Licht und Kraft uns ins Freie führen und gipfelwärts tragen würde. Folgen wir dem Gebot der Liebe, dann reicht sie uns vielleicht in unserer dunkelsten Stunde aus dem Lichtmeer der Ewigkeit den Kummer und Leid erlösenden Gral.

Mag es oft so scheinen, als ob das Dunkel im Leben, also Not und Leid überwiege, als ob es schwer, ja unmöglich sei, sie aus unserem Dasein zu entfernen; wenn wir tiefer blicken, erkennen wir den Weg ins Freie: »Je williger wir uns dem Licht von oben offen halten und unbeirrt das Gute bejahen und tun, desto rascher weichen Dunkel und Leid aus unserem Leben!«

Um das zu erfahren, brauchen wir nur mutig anzufangen, das Gute in uns und um uns zu sehen, uns an das Tun des Guten zu gewöhnen und nicht mehr auf die äußeren Dinge und Umstände zu starren, sondern im Vertrauen auf das innere Licht und die Hilfe von oben, unser Bestes zu geben.

Sowie diese Willenswende und Wandlung unseres Wesens zum Licht-Gral anhebt, beginnt sogleich die Aufhebung und Durchlichtung auch des äußeren Daseins. Folgen wir darum, wann immer wir des Trostes und der Ermutigung, der Kraft und Hilfe von oben bedürfen, der Grals-Mahnung:

»Wie der Blumen Blütenkelche
willig sich zum Licht entfalten,
so soll deine Seele, Sucher,
sich nach oben offen halten!«

Die Zukunft des Glaubens

(Zu freien Ufern 08 + 09/62)

»Religion und Theologie sind
grundverschied'ne Dinge;
eine künstliche Leiter zum Himmel die,
jene die angeborne Schwinge.«
(Geibel)

Nietzsche's Feststellung »Gott ist tot!« scheint, wenn man auf den heutigen Menschen blickt, weithin Wirklichkeit zu sein: Zu keiner Zeit wurde so laut vom Ende des Christentums gesprochen, vom Untergang des Glaubens und von der Zukunft des Unglaubens. Für Millionen Menschen ist Gott nicht die zentrale Lebenswirklichkeit, nicht der innere Halt, von dem her sich ihr Denken und Leben bestimmt, nicht die innere Kraft, das innere Licht, das in ihren Herzen strahlt und ihr Leben hell, harmonisch und sinnerfüllt sein läßt.

Dieser Prozeß stufenweiser Gott-Verweigerung vollzieht sich immer dort, wo Religion zur Konfession erstarrt, wo der Glaube nicht mehr gelebt, sondern nur noch zum dogmatischen Bekenntnis wird. Im unmittelbaren Zusammenhang damit steht die Zunahme des Glaubens- und Gottlosen. Hier offenbart sich die geschichtliche Schuld der christlichen Kirchen: Statt zum Tat-Christen wurden die Menschen zu Wort-Christen erzogen.

Dennoch ist Gott nicht tot, ist das Gottesbewußtsein nicht gestorben; es ist nur verschüttet und kann und soll wieder freigelegt und wiedergewonnen werden. Wenn Gott ›tot‹ scheint, dann nur in uns selbst – wenn er ›schläft‹, dann nur in uns. Wenn er erwacht, so erwacht er in uns und wir in ihm. –

In der Betrachtung eines Nicht-Christen sagte Gerhard Szczesny in ›Die Zukunft des Unglaubens‹ (München 1958), daß »... die bemerkenswerte Unfähigkeit der Christen ein christliches Leben zu führen in einem auffallenden Mißverhältnis steht zu den Versuchen, die Autorität des Christentums wieder herzustellen, die sich damit als eine äußerliche und scheinhafte erweist.«

Sein Buch ist ›antichristlich‹ insofern, als es den kulturellen oder gar politischen Anspruch des Christentums und seiner Institutionen zurückweist. Aber es ist gleichermaßen zutiefst christlich zu nennen in seinem Bemühen, die Zwangsvorstellung zu überwinden, daß ›der gottlose Mensch ein minderwertiges Subjekt, eine nihilistische Existenz sei‹.

Dieses Bemühen ist begründet, denn im Grunde gibt es keinen gottlosen Menschen im Sinne gänzlichen Losgelöstseins vom tragenden Weltengrund.

Szczesny meint, daß »... von einer lebendigen, in der Welt wirkenden Kraft der christlichen Glaubensbotschaft keine Rede mehr sein könne. Das Christentum heute sei dort, wo es noch die Kulturfassade beherrsche, ein ›trivialer Moralismus‹ ohne echten religiösen Überbau«. Darum spricht er auch von der ›Abenddämmerung‹ des Christentums, die kein Restaurierungsversuch in eine Morgenröte mehr verwandeln könne. »Die Zukunft«, so sagt er, »gehört dem Unglauben.«

Wie die meisten Kritiker des Glaubens verwechselt Szczesny Religion mit Theologie. Die Entchristlichung der Vielen, ja ganzer Völker, ist eine Folge des Unvermögens der Theologie, das religiöse Bedürfnis der Menschen zu befriedigen und ihnen die Einheit von Religion und Leben bewußt werden zu lassen. Daher die ›totalitären Ersatzreligionen‹, die Sekten; daher die Zunahme des Unglaubens.

Nun ist das Christentum seinem Wesen nach Erfüllung des religiösen Verlangens der Menschenseele. Doch bleibt diese Erfüllung dort aus, wo aus Erkenntnis ein Bekenntnis wird, wo behauptet wird, das Schauen Gottes sei dem Menschen nicht möglich, Gottunmittelbarkeit sei ein in der Ferne liegendes Ziel.

Hingegen tritt sie ein, wo immer Menschen Christi Lehre leben und ihm nachfolgen: Hier wird die Gottunmittelbarkeit erfahren und als für jeden erreichbar erkannt.

Soweit das Christentum nur Bekenntnis ist, ist es exoterisch, statisch, gottfern. Wo es hingegen Erkenntnis und Tat wird, wird es esoterisch, dynamisch und zur Gott-Nähe. Jeder Versuch, das Wort-Christentum zu restaurieren ist darum ebenso vergeblich wie der, überlebte alte Formen durch angeblich zeitgemäßere, neue Formen zu ersetzen. Wandlung bewirkt nur ein neuer Geist. Das heißt, was nottut ist weder eine neue Religion noch eine Ersatz-Religion, sondern ein neuer Geist der Religion, der hinter den Formen erfahrbar und die Einheit von Religion und Leben sichtbar macht.

Damit fällt der Ausschließlichkeits-Anspruch der Konfessionen. Die Geschichte der Religionen zeigt, wie sie als Frucht der Erleuchtung Einzelner entstanden und das Gesicht bestimmter Kulturkreise angenommen haben. Die Religions-Psychologie macht darüber hinaus klar, daß sie insofern Weltreligionen sind, als sie der höchsten innermenschlichen Erfahrung Ausdruck geben, die als Erleben der Welt-Wirklichkeit und Welt-Geistigkeit zeitlose Gültigkeit besitzt.

Demzufolge ist das Christentum so ewig wie die anderen Weltreligionen, weil ihrer aller Botschaften die Offenbarung der Gottunmittelbarkeit des Menschen ist. – Selbst seine äußeren Formen, die Kirchen, brauchen nicht zu vergehen, wenn sie sich auf diese Wahrheit besinnen und von jenem toleranten Geiste erfüllt bleiben, dem Papst Pius IX. 1864 Ausdruck gab: »Jedem Menschen steht es frei, sich an die Religion zu halten, die er, durch das Licht der Vernunft geleitet, als die Wahre erkannt hat. Die Menschen können in jeder Religion den Weg zum ewigen Heil finden.« (Syllabus 15, 16)

Der Existentialismus, den Szczesny als die ›Philosophie gewordene Verzweiflung des Christen‹ bezeichnet, spricht von der Verlorenheit, der Ungeborgenheit und Unbeheimatetheit des Menschen im Leben und von seiner Gottferne. Doch nicht nur bei Christen, auch bei Angehörigen anderer Religionen und vor allem bei Atheisten begegnet man dieser inneren Unsicherheit und Hilflosigkeit den letzten Fragen gegenüber, die eigentlich Haltlosigkeit aus Wirklichkeits-Unbewußtheit ist.

Die Konfessionen haben, indem sie Gott vernebelten und zerredeten, den Weg zu eigenem Gott-Erleben weithin versperrt und verschüttet. Mit ihrer These – Gott sei fern und unerreichbar, er könne nicht erfahren, sondern müsse geglaubt werden – haben sie den Grund zum Irr- und Aberglauben gelegt wie auch zum Unglauben und zur Gleichgültigkeit gegenüber religiösen Wahrheiten. Es sind die Antworten der Ge-täuschten und der Ent-täuschten.

Je größer aber die innere Not des Menschen wird, desto dringender wird die Notwendigkeit, ihm die Augen für die Wirklichkeit zu öffnen, ihm zur Wiedergewinnung der verlorenen oder verschütteten Gottnähe und Geborgenheits-Gewißheit zu verhelfen.

Der heutige Mensch weiß wenig oder nichts von der Wirklichkeit, von der die Religionen sprechen, weil er nach außen blickt statt nach innen, auf die Existenz statt auf das Wesen. Weil er vom inneren

Halt nichts weiß, sucht er äußeren Beistand, läuft hinter anderen her und endet mit einem Bekenntnis, statt sich auf sich selbst zu besinnen und in der Nach-innen-Wendung eine unlösbare und unmittelbare Verbundenheit zu finden.

Die Theologie kann dieses quälende Ungeborgenheits-Gefühl des, durch die fortschreitende Technisierung des Lebens, zunehmend veräußerlichten Menschen nicht besiegen, denn solange er nach außen blickt, sich an der Peripherie seines ›Ich‹ bewegt, hat er Ansichten und Meinungen, aber keine Gewißheit. Diese erlangt er erst, wenn er sich in die Tiefen des eigenen Selbst versenkt, in die innere ›Einsamkeit‹, die kein Alleinsein ist, die sich in Meditation und Kontemplation zum ›Einssein mit dem Einen‹ weitet.

Der Weg nach innen ist der Weg vom Ich zum Selbst und vom Selbst zum All- oder Gott-Selbst. Es ist der Weg Christi und aller Erwachten und Vollendeten, auf dem das Christentum und seine Botschaft vom Gott-Menschentum aus bloßem Wort zu lebendiger Tat und Wirklichkeit wird und ist gleichermaßen die frohe Botschaft aller Religionen.

Christus könnte uns nicht zur Gottessohnschaft verhelfen, wenn nicht der gleiche Funke, der in ihm zur Flamme wurde, auch im Grunde unseres Wesens auf seine Erweckung wartete. Nur deshalb sind wir fähig, seinem Ruf Folge zu leisten und der Selbstoffenbarung Gottes in uns teilhaftig zu werden.

Religion ist da, seit der erste Mensch über die Erde schritt. Sie ist unverlierbarer Bestandteil seines Wesens, Ausdruck seines inneren Selbst, Gewißsein seines ewigen Gott-Einsseins. Sie ist das Bewußtsein, daß der Mensch, der nach außen klein und begrenzt scheint, nach innen zunehmend größer und heller wird und sich in seinem letzten Wesens- und Seelengrund zum strahlenden All- oder Gottesgrund weitet. Hier, in seiner ›Wesens-Mitte‹, wird er seiner Lichthaftigkeit bewußt, seiner Geborgenheit im Weltganzen, seines Einsseins mit dem Ewigen. Wir nennen diese Frucht der Religion, die in jedem von uns als Keim und Blüte vorhanden ist, das ›kosmische Bewußtsein‹.
Mit mehr Recht als heute von der ›Zukunft des Unglaubens‹ gesprochen wird, sprechen wir von der ›Zukunft des Glaubens‹. Sie liegt dort, wo aus *Be*-Kenntnis *Er*-Kenntnis wird, aus Konfession Religion und aus Religion Mystik; eigene Erfahrung der Wirklichkeit des Wirkens Gottes im Menschen und in der Welt.

Mystik reicht weiter als theologische Lehren oder philosophischer Glaube. Während die Philosophen über den Höchsten reden oder nachsinnen, führt die Mystik zur unmittelbaren Erfahrung des Höchsten. Und, jeder kann diesen Weg gehen; den Weg nach innen, in meditativer Besinnung auf die wichtigste Frage des Lebens: »Wer bin ich?«, bei der der Sucher der Wahrheit früher oder später zum ›Finder‹ wird, in dem die Erkenntnis des Selbst aufflammt, die Erkenntnis des kosmischen Charakters des Menschenwesens, seines Eingebettetseins in die übergeordnete Wirklichkeit des Lichts des Göttlichen. – Schon unvoreingenommene Selbstbesinnung macht diese Wahrheit sichtbar. Auf dem Wege meditativer Selbstverwirklichung aber wird sie erlebbar und damit aus bloßer Denk- und Glaubensmöglichkeit zur Gewißheit.

Die Mystiker aller Zeiten und Völker gingen und wiesen uns diesen Weg und demonstrierten, daß jeder Mensch das Göttliche als Anlage in sich trägt, es erkennen kann – und vom Licht erleuchtet werden kann.

Der göttliche Geist in uns ist seinem Wesen nach Licht. Er wird nicht nur vom Licht der Gottheit be- oder durchdrungen, es ist ihm wesenhaft zugehörig: Er ist ein ewiger Funke aus dem göttlichen Urlicht – in der gleichen Weise, wie Christus, Buddha, Krishna oder Mohammed und viele andere vom Lichte Gottes durchdrungen waren, das auch in uns strahlt oder strahlen will.

Mit Recht spricht man von einer Ähnlichkeit der Mystiker, der Heiligen und der Erleuchteten aus allen Kulturkreisen. Denn bei aller äußerlichen Verschiedenheit ihrer Verkündigungen stimmen sie alle im wesentlichen überein; in der Botschaft vom Wege nach innen, auf dem der Mensch zum inneren Licht erwacht.

Sie konnten diesen Weg für jeden beschreitbar machen, weil jeder Mensch auf Gott gepolt ist und weil er nach innen offen ist und eben darum nur in Stille und Meditation dem Wege nach innen zu folgen braucht, um so seiner Einheit mit dem Kosmos teilhaftig zu werden.

Der Mensch von heute hat zwei Möglichkeiten: Entweder wird er als Folge zunehmender ›Nachaußenwendung‹ zum technisch perfekten, aber seelenlosen und roboterisierten ›Halbmenschen‹, oder er wird in bewußter ›Nachinnenwendung‹ zu einem, sich selbst und das Leben von innen her meisternden, seiner Gottheit und seiner kosmischen Aufgabe bewußten Menschen.

Wie unser Auge, wenn geöffnet, Licht und Farben wahrnimmt, so erkennt auch unser geistiges Selbst, wenn es zu sich selbst erwacht, das geistige Licht und das göttliche Wesen. Wer darum den Menschen vermenschlichen und unsere planetarische Kultur fruchtbringend erhalten will, der muß dem Menschen zur Verinnerlichung verhelfen, zur ›Schau‹ des inneren Lichtes und des kosmischen Bewußtseins.

Es ist bemerkenswert, daß sogar ein Verteidiger des Unglaubens wie Szczesny die Bedeutung des Weges nach innen und die Wegweisungen der Mystiker erkennt, wenn er von der ›antipsychologisch und antimeditativ‹ eingestellten Theologie des Christentums spricht, ›die den Weg des Menschen zu sich selbst versperrt habe‹ und davon, ›daß nur die Mystiker diesen Weg zu beschreiten versucht haben‹.

Er selbst ist diesen Weg allerdings nicht gegangen, weshalb er zu dem Fehlschluß gelangen mußte, daß ›die Mystiker nur bis zu jenen Sphären der Innenschau vorgedrungen seien, in der sie fanden, was sie finden wollten: Die Urbilder der Träume und Vision des Christentums.‹ – Tatsächlich ist die Mystik durchaus keine nur christliche, sondern eine universelle Erscheinung, die allen Religionen zugrunde liegt; sie führt auch nicht zu irgendwelchen Illusionen und Weltanschauungen, sondern zur Erkenntnis der Zusammenhänge alles Seienden.

Man braucht also nicht erst den Versuch unternehmen, die Techniken der Tiefenpsychologie und der Meditation zu vereinen, um den Abendländer von seiner Unrast und Oberflächlichkeit, seiner Ich-Verhaftung zu befreien. Denn dieser Weg ist in Wirklichkeit längst gefunden und wird seit Jahrtausenden beschritten.

Um diese Tatsache in aller Deutlichkeit zu demonstrieren und den Weg zur Selbstverwirklichung für ›Ungläubige‹ wie für Gläubige aller Richtungen beschreibbar zu machen, habe ich in meinem Buch »IN DIR IST DAS LICHT« (Drei Eichen Verlag) 49 Mystiker, Heilige und Weltenlehrer aus Ost und West herangezogen, um an ihren Biographien, Erfahrungsberichten und Lehren darzulegen, daß jeder Mensch ein Träger des inneren Lichtes ist, berufen und befähigt, zur höchsten Wirklichkeit zu erwachen.

Dieses Werk, das eine Antwort auf das verzweifelte Suchen vieler sein soll, wendet sich nicht an den Fachmann, den Theologen; es beruft sich auf keine sonstigen Lehrer und Autoritäten, sondern allein auf die Weisheitslehren dieser Gott-Sucher und Erleuchteten. Es läßt diese Weisen selbst sprechen und wendet sich an alle Wahrheitssucher aller Lager und Kirchen, Bekenntnisse und Weltanschauungen, um jedem zu eigenem Erkennen zu verhelfen, denn nur auf dem Wege der Selbst-Erkenntnis findet der Mensch zu Selbstverwirklichung und damit zur Harmonie und Sinnerfüllung.

Diese Besinnung auf das Wesentliche ist gerade heute notwendig und schicksalhaft, steht der Mensch doch an einer weltgeschichtlichen Wende: Er, der das Bewußtsein seiner kosmischen Herkunft und Zukunft verloren hat, ist im Begriff, es heute, im Anfang eines neuen Zeitalters und einer neuen Bewußtseins-Dimension, wieder zu gewinnen.

Nicht nur die Entdeckung der gewaltigen Kräfte des Mikro-Kosmos, der Atome und Elektronen, sowie der Beginn der Raumfahrt, die Eroberung des Makro-Kosmos, kennzeichnen unsere Zeit als eine Epoche des Übergangs vom planetarischen zum kosmischen Zeitalter sondern weit mehr noch die Erhellung des ›inneren Menschen‹ als der lebendigen Mitte zwischen dem Mikro- und Makro-Kosmos, dessen Erwachen zum kosmischen Bewußtsein ihn erst die wirkliche Eroberung der kosmischen Welten von innen her ermöglichen und ihn die Geistigkeit dieser Welten bewußt machen wird.

Vor diesem ›Erwachen‹ kann man über Gott streiten und philosophieren, ihn bezweifeln oder ablehnen, ihn für möglich, aber für unerkennbar und unerreichbar halten.

Nach dem ›Erwachen‹ weiß man und streitet nicht mehr. Gott ist dann klarer und gewisser als das Ich. Wer das erfahren hat, der weiß, was Glaube ist, was Religion ist und was Gott ist. Eben weil ihm nichts mehr ungewiß ist, fragt er nicht mehr und streitet nicht, sondern lebt seinen Glauben und bezeugt dadurch, daß Gott in ihm ist, daß das Licht in ihm leuchtet. Religion ist ihm ›Leben, Glaube, Tat, Gottunmittelbarkeit und Lichterfülltheit; wo sie ist, ist Gewißheit und Geborgenheit.

Der zum inneren Leben Erwachte erkennt sich selbst als verantwortlichen Mitgestalter der Welt, die im Maße seiner eigenen Selbstverwirklichung mit verwandelt und erneuert wird. Was er wirkt und erreicht, das tut und vollendet er zugleich für seine Mitmenschen, für die Welt und für die Verwirklichung des Reiches Gottes. Religion wird ihm so, mit einem Wort Morgensterns, ›zur Bereitschaft, sich in alle Ewigkeit weiter und höher zu entwikkeln, und schrittweise zum Voll- und Gottmenschentum heranzureifen‹.

Aus dieser Sicht erweist sich ›Unglaube‹ als eine vorübergehende Erscheinung. Er hat keine Dauer und keine Zukunft, weil er nichts ist als ein Trugbild des Menschen von sich selbst.

Dem Glauben hingegen gehört alle Zukunft, da er Ausdruck der Selbsterwachtheit des Menschen ist, lebendige Frucht seiner Besinnung auf sein innerstes Wesen, seine göttliche Herkunft und sein kosmisches Ziel, die Gott-Unmittelbarkeit.

Das innere Licht – Quell aller Religionen

(Zu freien Ufern 10/62)

»Nimmermehr wirst Du die Wahrheit erkennen,
Lebst außen nur Du in der Sinnlichkeit Fessel.
Von innen erstünde das klare Erkennen,
Von Innen das Licht, das die Finsternis bricht.
Jan van Ruisbroeck

»Im Anfang war das Licht« – das unbewegte glutende kosmische Urlicht. Aus ihm trat das Licht des Lebens hervor, das geistige und das physische Licht, seine Wirkstätte – die Lichtgeborene Materie – und sein Werkzeug – die Mannigfaltigkeit der Lebensformen.

Im Innern allen Lebens und Seins ist Licht. Darum ist des Lebens höchste Erfahrung das Selbst-Erwachen, das Innewerden des lichten Innern, das Erwachen zum inneren Leben. Darum ist aller Religionen gemeinsamer Ursprung die Gewißheit der Gegenwart des göttlichen Lichts im Innern der Seele.

Das Licht ist die einzige Wirklichkeit. Finsternis und Schatten, Nacht und Kälte sind nur Fernsein, Verhüllung des Lichts, keine Mächte an sich.

Nicht Furcht vor Nacht und Grauen, nicht die Sehnsucht nach der Tageshelle und dem aufsteigenden Licht des Frühlings schuf die Religionen, sondern die aus der Wende zum Inneren entspringende Erleuchtung des Geistes ließ schon im Anfang der Menschheit die Gewißheit erwachen: Das

Höchste, Rettende ist das ›innere Licht‹, in dem sich das Übermenschliche, das Göttliche offenbart.

In dieser Licht-Erfahrung sah sich der Mensch über die Finsternis der Unwissenheit und Ungewißheit erhoben und erleuchtet, geheilt und geheiligt, mit dem Göttlichen verbunden und eins. In ihr wurde Gott aus einem Gegenstand bloßen Wähnens und Zweifelns, Hoffens und Glaubens zu unmittelbarer Wirklichkeitserfahrung.

Da jeder ein unbewußter Träger dieses göttlichen Lichtes ist, ist Religion die natürliche Funktion des menschlichen Wesens, die allen verbürgt, was Einzelne seit je erreichten: Ihre Berufung, aus Lichtsuchern ›Kinder des Lichts‹, Erleuchtete zu werden.

Alle Religionen, vom Naturglauben bis zu den geistigen Hochreligionen der Menschheit, zielen auf dieses Erwachen der Seele zum Licht, wobei die Grade des Licht-Erlebens so mannigfaltig sind wie die Menschen, die als Seher und Priester, als Propheten, Heilige und Menschheitslehrer vom inneren Feuer durchstrahlt wurden und kundtaten, was sie vom inneren Licht und Wort wahrnahmen.

In diesem Licht wird klar, daß alles Leben körperlich vom äußeren Lichte lebt, das kosmischen Ursprungs ist, geistig und wesentlich aus dem innerkosmischen oder göttlichen Licht. Leben ist Licht, wie auch Liebe Licht ist. Dieses Lebens- und Liebes-Licht im Menschen ist schöpferisch wie sein Ursprung: das Ur-Licht.

Alle Lebenskraft, alle seelische Energie schöpft aus den Quellen kosmischer Kraft und göttlichen Lichts.

Wenn Materie erhitzt wird, lockert sich der Zusammenhang seiner Moleküle, bis er in den glühenden, dann zum flüssigen und schließlich gasförmigen Zustand übergeht.

Wenn unser inneres Wesen von der Glut der Liebe zur Wahrheit erhitzt wird und entflammt, tritt es gleichfalls in den glut-, gas- und schließlich in den lichtförmigen Zustand über: Das innere Licht bricht hervor.

Ehrfurcht darum vor jeder Lebensform aus der Hülle und Werkstatt eines Licht-Geistes, der nach dem Ur-Licht strebt – Ehrfurcht vor dem Menschen als dem Träger göttlichen Lichts!

Wir Menschen sind Kinder des Lichts, aus dem wir kommen und zu dem wir in fortschreitender Selbstvervollkommnung und Selbstvollendung emporsteigen.

Wer hat nicht schon erlebt, daß er in einer stillen Stunde daheim, an einer geweihten Stätte oder im Frieden der Natur, für einen Augenblick spannungslosen Selbstvergessens, von einer inneren Freude durchwärmt wurde, die sich bis zu einem warmen Lichtglanz steigern kann, der von innen nach außen strahlend, die Welt mit Erhabenheit und Seligkeit erfüllt, die hinterher als Berührung mit dem Ewigen, dem Göttlichen empfunden wird...

Das ist der Abglanz des Erlebens, das Mystiker in einer um tausend Grade höheren Empfindens erkennen, strahlt uns aus den Namen der ältesten Götter entgegen: ›Brahman‹ die absolute Wirklichkeit, wurde, wie die Herkunft des Namens aus der Sanskritwurzel ›brh = leuchtend‹ erweist, von dem, der erstmals diesen Namen prägte, als inneres brennen im göttlichen Urfeuer erfahren und als Lebensquell erlebt.

Ähnlich schaute Moses Gott im ›brennenden Dornbusch‹, der vom Feuer nicht verzehrt wurde, weil es ein geistiges Feuer war, ein immaterielles Licht. Dieses Licht tritt uns auch in ›Loki‹, dem germanischen Gott des Feuers, das aus der Tiefe aufbricht, wie in der heiligen ›Lohe‹, der leuchtend lodernden Flamme des Ewigen, als Personifikation einer innerkosmischen Wirklichkeit entgegen.

Im Lichte offenbart sich uns das Heilige, das Göttliche, das Absolute; in ihm kommt der Mensch der Gottheit am nächsten.

Als Echnaton die Sonne (Aton) pries: »Die du allleuchtend aufstrahlst am Rande des Himmels, lebendige Sonne, Du vor allem Seiende«, meinte er die innere Sonne, das göttliche Licht, das in der Morgenröte des Selbsterwachens sieghaft emporsteigt, wie auch die geflügelte Sonne als Symbol des Lichtgottes bewußt macht, daß die Sonne, die von fernher leuchtet, nur Spiegel- und Sinnbild einer unendlichen strahlenden Gottheit ist, die den Menschen, den sie von innen her erleuchtet, in einen aller Erdenschwere enthobenen, allverbundenen Lichtträger verwandelt.

Auch das älteste germanische Licht-Symbol, das Sonnenrad, weist mit seinen Speichen nach innen – zur Nabe, dem Lichtzentrum, aus dem alle Bewegung, alles Leben hervorgeht. Gleich deutlich verweist ein anderes Lichtsymbol, die dreidimensionale Spirale – ähnlich den Spiralnebeln, die wiederum Lichtwirbel aus Milliarden Sonnen sind – auf das Urlicht im unbewegten Zentrum ihres Kreisens.

Alle Lichter, die an geweihten Stätten leuchten, in Kirchen, Tempeln, Pagoden und Synagogen, sind für den Eingeweihten Sinnbilder des göttlichen Lichts, dessen Geburt in der Menschenseele in den Lichtfesten der alten Völker als der Höhepunkt des Lebens gefeiert wurde und heute noch gefeiert wird – auch im Fest der Weihnacht, der Geburt des Christen, des Lichtbringers der Menschheit...

Der Lichtglaube erfuhr im Laufe der Zeiten eine Verdunkelung und Vergröberung, aus dem inneren Geschehen wurde ein historisches. Der Lichtglaube veräußerlichte sich zum Sonnen- und Feuerkult; das Symbol wurde zum Ersatz für die Wirklichkeit...

Aber immer wieder traten Menschen auf, die statt nach außen, nach innen schauten und ihrer Gottnähe gewahr wurden, von den Rishis Altindiens bis auf unsere Tage. Von ihnen hieß es schon im größten indischen Heldenepos, der Mahabharata:

»Wer, weise geworden, die nach außen gerichteten Begierden allseitig in sich zurück zieht, wie die Schildkröte ihre Glieder, ein solcher Leidenschaftsloser und nach allen Seiten Freier ist immerfort glücklich. Indem er die Begierden in sein Innerstes zurückdrängt, das Verlangen vernichtet und gegen alle Wesen gleiches Wohlwollen und Güte empfindet, wird er tauglich zur Gott-Einheit.«

So wie das durch Holz genährte Feuer mit großem Schein aufleuchtet, so wird durch das Niederhalten der nach den Dingen trachtenden Sinne das ›göttliche Selbst zum Aufleuchten gebracht‹.

»Wenn einer alle Wesen ruhig-gelassenen Selbstes in seinem eigenen Herzen schaut, wird er sich selbst zum Licht und gelangt aus der Abgeschiedenheit zum Allerhöchsten. Seine Stätte ist der Himmel und die Unendlichkeit ist sein Erbe. Er schaut das Selbst in seinem Inneren und weis sein Selbst in allen Wesen.«

»Hat er diese Stufe der Einkehr und Heimkehr ins Eine erreicht, dann erstrahlt er als das Herz aller Kreaturen, als aller Wesen höchstes Selbst; dann werden ihm die Heiligen, die Götter und alle Wesen für und für lobsingen.«

Alle zur Wirklichkeit Erwachten erfuhren Gott als Licht. Wo immer die Gottheit sich dem Menschen kundtat, geschah es im Licht und als Licht. Alle Götter sind Licht-Götter.

Für Zarathustra war die Sonne der täglich neu erscheinende Herold des göttlichen Lichts, der im Kampf mit der Finsternis immer wieder obsiegt, bis alle Menschen bewußte Diener und Träger des Gotteslichts geworden sind. Der Geburtstag des persischen Lichtgottes ›Mithras‹ wurde am 25. Dezember gefeiert – zur gleichen Zeit wie der altgermanische und auch der christliche Glaube die Lichtgeburt feiern, die auch die Hierophanten der altägyptischen Mysterienschule meinten, wenn sie jubelten: »Ra, das leuchtende Auge Gottes, erstrahlt auf's neue! Im ewigkeitserwachten Menschenherzen ersteht dem Herrn der Welt ein neuer Tempel des Lichts!«

Hier ist das Licht nicht nur Symbol des Göttlichen, sondern unmittelbare Selbstoffenbarung Gottes in der Berührung mit der Menschenseele, wie es alle Mystiker in gleicher Weise erleben:

»Gott ist das wahre Licht,
Du hast sonst nichts als Last,
im Falle Du nicht IHN,
das Licht der Lichter hast.«

So erfuhr es Angelus Silesius, so schauten es die Mystiker aller Zeiten* und Zonen: Im eigentlichen Sinne ist Gott *LICHT,* und je näher wir ihm kommen, um so mehr empfangen wir von seinem Lichte.

** siehe hierzu auch mein Buch »IN DIR IST DAS LICHT« (Drei Eichen Verlag).*

Die Erfahrung des inneren Lichts
(Zu freien Ufern 11/62)

Tierbeobachtungen zeigen, wie viel das Tier mit dem Menschen gemeinsam hat: Es lebt oft körperbewußter als der Mensch; die Regungen seiner Seele sind wie beim Menschen erkennbar; sein geistiges Leben hingegen ist noch weithin unentwikkelt. Es ist stärker als der Mensch seinen Instinkten unterworfen, von Automatismen abhängig; andererseits ist es zielstrebig, lernt willig, kennt, zum Teil vom kollektiven Unbewußten her beeinflußt, den Wert der Gemeinschaft, und vom gleichen Grunde her treten bei ihm oft außersinnliche Fähigkeiten, Vorgefühle, Telepathie und Hellschau in Erscheinung.

Während beim Tier das ›Ich-Gefühl‹ noch rudimentär ist, tritt es beim Menschen beherrschend nach vorn und weiß sich seine Instinkte, Automatismen und aus persönlichen und kollektiven Unbewußten quellenden Einsichten und Tendenzen seinen Zwecken dienstbar zu machen. Über das Tier hinaus kann der Mensch ich- und situationsbewußt denken, sprechen, wollen, unterscheiden und Stellung nehmen, auf weite Sicht planen und organisieren und sich die Kräfte der Natur und des Lebens sinnvoll dienstbar machen. Das geistige Element ist in ihm stark entwickelt, wenn es auch erst in Einzelfällen die Stufe der ›Selbst-Bewußtheit‹ erreicht hat. Die außersinnlichen Fähigkeiten hingegen sind bei ihm mehr in den Hintergrund getreten.

Erst wenn der Mensch den nächsthöheren Schritt vom Ich-Bewußtsein zur Selbst-Bewußtheit getan und sich zum Vollmenschen entwickelt hat, wird er reif zur Selbstverwirklichung, d.h. zum Erwachen zu jenem umfassenden kosmischen Bewußtsein, mit dem sich auch die außersinnlichen Fähigkeiten auf einer höheren Ebene wieder einstellen.

Dieser Durchbruch zu einer höherdimensionalen Bewußtseinsebene – in der der Mensch mit seinem innersten Wesen wurzelt – ist heute schon nicht mehr so selten wie in früheren Jahrhunderten und Jahrtausenden. Und er ist auch unschwer zu erkennen, geht er doch in der Regel mit einer Erfahrung einher, die man als Aufbruch des ›inneren Lichtes‹ bezeichnet. Dieses innere Licht-Werden bewirkt nicht nur eine Verschärfung einzelner Sinne, sondern, was mehr ist, ein Erwachen der inneren Sinne, eine Erhellung bisher unerschlossener, tieferer Bewußtseinsschichten des Menschenwesens bis hinein in die Zentralschicht des Gott-Bewußtseins.

Der zum kosmischen Bewußtsein Erwachte oder davon Angerührte wird nicht mehr nur von seinem kurzsichtigen und vergänglichen ›Ich‹ her bestimmt, sondern mehr und mehr von seinem, der Raum-Zeit-Kausalität überlegenen, ›göttlichen Selbst‹. Wesen und Erscheinungsformen dieses kosmischen Bewußtseins wurden bereits ausführlich behandelt, und zwar am Licht-Erleben und an den Wegweisungen von 49 der größten Mystiker und Erleuchteten der Menschheit*, so daß hier auf Einzelheiten nicht eingegangen zu werden braucht. Es sei jedoch darauf hingewiesen, daß Randerscheinungen dieser Erfahrung sich oft schon vor der geistigen ›Vollreife‹ des Menschen einstellen und etwa wie die November-Knospen eines Baumes, ein künftiges Erwachen und Blühen ankündigen.

Zuweilen genügt eine tiefe Erschütterung, die das Ich oder den Sinn des Lebens in Frage stellt, um wenigstens für Augenblicke hinter der bekannten, aber plötzlich fremd erscheinenden Sinnenwelt eine andere, bisher verborgene Innenwelt sichtbar zu machen, von der man zugleich spürt, daß in diesem ›Verborgenen‹ allein ›Geborgenheit‹ ist.

In der Regel hat diese vorübergehende Bewußtseinserweiterung die Wirkung, daß der Mensch sich von da an sehnend nach innen wendet, um eine Wiederholung und Erweiterung dieser Erfahrung zu erreichen, zumal er sich von da an vom äußeren Leben unbefriedigt, unerfüllt und in der Welt wie ein Gefangener fühlt. Seine inneren Sinne beginnen sich zu regen. Wenn er dann den Weg nach innen beschritten hat, ist sein inneres Wachstum

---

* *siehe »IN DIR IST DAS LICHT« – Drei Eichen Verlag*

nicht mehr aufzuhalten. Er ist dann auf der Bahn zu sich selbst – und das bedeutet zugleich: Zum Göttlichen, zum ›Reiche Gottes‹, das in ihm ist...

Gefördert wird dieses innere Wachwerden und Wachstum durch Meditation und Kontemplation, die zu schrittweiser innerer Erhellung führen – bis der Augenblick der Reife gekommen ist, in dem aus der inneren Erhellung jäh ›Erleuchtung‹ wird.

Es ist der erste Aufbruch des inneren Lichtes, das in jedem Menschen vorhanden ist und auf seine Offenbarung wartet und, im Aufflammen, die Gemeinsamkeit der Lichterfahrung zahlloser Erwachter ebenso wie die Einheitlichkeit des inneren Wesensaufbaus des Menschen in Ost und West erkennen läßt – von der peripheren Schicht des Ich-Bewußtseins bis zur Kernschicht des kosmischen Bewußtseins. Zugleich wird deutlich, daß das Ich-Bewußtsein einer Insel im Meer der kosmischen Bewußtheit gleicht.

Solange der Schwerpunkt des Bewußtseins im Ich liegt, herrscht das Gefühl des Für-sich-Seins, des Getrennt-Seins, des Allein-Seins. Verlagert sich der Schwerpunkt nach innen, zum Selbst, dann weicht der Insel-Charakter des Ich, dem Gewißsein des Allein-Seins, einer mystischen Einheit mit dem göttlichen All-Bewußtsein, in dem die erwachende Seele alles von der einen kosmischen Liebeskraft erfüllt fühlt und alles in Gott, und Gott in allem schaut.

Das Bekanntwerden mit den verschiedenen Erscheinungsformen des kosmischen Bewußtseins, wie sie in meinem oben erwähnten Buch im einzelnen aufgezeigt sind, erleichtert die Umstellung auf diese höhere, über das kleine statische Ich-Bewußtsein hinausreichende dynamische All-Bewußtheit, die zugleich Wirklichkeits-Gewißheit ist.

Jede Beschäftigung mit den Wegen der großen Erleuchteten zum inneren Licht fördert das eigene Licht-Erwachen, ebenso das Wissen um parallele Erfahrungen von Zeitgenossen. Das sei an einem Beispiel verdeutlicht, und zwar an dem Bericht des inzwischen verstorbenen Psychologen Guido Huber, der die Erfahrung des inneren Lichtes und des kosmischen Bewußtseins zweimal erlebte. Über die ›größere Welt‹, die sich im Aufflammen des inneren Lichtes seinem Blick auftat, die er den ›anderen Raum‹ nannte, hat er folgendes ausgesagt: »Den ›anderen Raum‹ erlebte ich selbst zweimal. Es war das allermerkwürdigste Erlebnis. Das erste Mal geschah es in einer Narkose. Ich hatte, als junger Mann, mit meinem Leben abgeschlossen, da ich glaubte, eine anstehende Operation nicht zu überleben. Der Gedanke an das Ende beschäftigte mich tagelang vor der Operation und ... wirkte wie eine Konzentration auf das Ziel hin. Wie es in Patanjali's Sutras heißt: ›Yoga ist Konzentration, und richtet man die Konzentration auf etwas Bestimmtes, so erhält man die Erkenntnis von demselben.‹ – Nun, ich bekam die Antwort: Es gibt kein Ende ...

Kaum hatte ich nämlich das Bewußtsein verloren, befand ich mich, wie ich zu meinem Erstaunen feststellte, in einer anderen Welt, in der alles und jedes anders war als in der irdischen. Es war alles in allem enthalten und des Rätsels Lösung war ein ›anderer Raum‹.

So war ich selbst im Weltall enthalten und das Weltall in mir, in vollkommener Einheit, und ebenso trug jeder Weltkörper das All in sich und mich selbst, den Betrachter. Die Weltkörper wurden in diesem Raum geboren, blühten auf wie Blumen und vergingen, nachdem ein jeder in Äonen seinen Entwicklungskreis durchlaufen hatte. Es waren größere und kleinere Entwicklungskreise, und den kleinsten bildete mein Ich. Aber alle diese verschiedenen Entwicklungskreise waren in meinem eigenen enthalten, so daß mein eigener winziger Kreis den allergrößten und die Kreise des ganzen Weltalls in sich, anschaulich enthielt. Die Weltkörper waren bewußte Wesen, ungleich mächtigere als ich, Götter. Sie fühlten diesen ewigen Kreislauf des Werdens und Vergehens als ein leidvolles Spiel, aus dem es kein Entrinnen gab. Immer wieder tönte mir, wie das Donnergrollen des indischen Gottes Prajapati, die Antwort ins Ohr: ›Kein Ende! . . .‹.«

Man vergleiche hierzu die interessante Parallele in Gjellerups buddhistischem Roman »DER PILGER KAMANITA«, in welchem, im Schlußkapitel ›Weltenmacht und Weltengrauen‹, im Gegensatz zu dieser Erfahrung, die Möglichkeit des Entrinnens, der Weg in die Allfreiheit, sichtbar wird.

Die zweite Erfahrung Hubers war diese: »Es war auf der Mumpferfluh während eines Abendspazierganges. Abendstimmung über einem herrlichen Panorama – das Städtchen Säckingen tief unten, die große Rheinschleife, im Hintergrund der Schwarzwald. Auf dem Rückweg ging ich über eine sonnenbeschienene Waldwiese unterhalb des Gipfelplateaus hinunter, als weiter unten aus dem Dunkel des Waldes plötzlich ein großer Fuchs herauskam. Er blieb am Waldrand stehen, schrie durchdringend und verschwand wieder im Wald. Dieser Schrei durchfuhr mich wie ein Blitz: ›Soweit haben wir es also gebracht, daß ein Tier aufschreien muß vor Angst, wenn es einem von uns begegnet!‹ – Damit war das andere Bewußtsein da. Es war ein plötzliches Umschalten. Ich befand mich in einer neuen Welt. Sie sah zwar genauso aus wie voher, aber alles hatte einen ganz anderen Sinn. Ich bewegte mich, stieg bergab, der Wind bewegte die Gräser und Blätter der Bäume – aber in jedem Grashalm, in jedem Blatt und in jedem Stein sah man das Eine. Es gab nichts Getrenntes mehr; es war so, als ob alles, diese ganze sichtbare Welt, nur mehr eine wunderbare gegenwärtige Einheit sei. So also sieht es aus, sagte ich mir, wenn man Gott in jedem Stein erblickt.«

Huber vergleicht diesen Durchbruch zu Recht mit der Erfahrung des Zen-Schülers bei der Meditation über ein Koan (vgl. hierzu den Aufsatz von KOS »DER WEG DES ZEN« in diesem Buch). In der Tat ist Za-Zen, die Meditation im Yogasitz, ein Weg, auf dem das Meditieren über ein Koan, ein Problem, das den Geist in den Zustand des ›Satori‹ erhebt, das gleiche, wie das ›innere Erwachen zum kosmischen Bewußtsein‹.

Wenn man diesen schlichten Bericht mit den Erfahrungen anderer Erwachter vergleicht, erkennt man die Gemeinsamkeiten dieses Erlebens ebenso, wie die Unterschiede, die durch den Grad der seelischen Wachheit und geistigen Reife bedingt sind. Immer aber ist die Berührung mit dem inneren Licht, die Gott-Erfahrung des Herzens, das erhabenste Erlebnis, das dem Menschen auf seiner derzeitigen Entwicklungsstufe zuteil werden kann. Es macht ihm für Augenblicke ein Stückchen seines unendlichen Weges stufenweiser Höherentwicklung sichtbar und läßt ihn zugleich einen Tropfen kosten aus dem kosmischen Ozean gottunmittelbarer Seins-Bewußtseins-Seligkeit, die die Erwachten des Ostens ›sat jit ananda‹ nennen.

Wer davon auch nur einmal im Leben einen Hauch verspürte, der lebt hinfort nicht mehr nur in der kleinen Welt, die seine Sinne ihm erschließen, sondern zugleich in der ›anderen Welt‹ der er, wie ihm immer beglückender bewußt wird, durch sein erwachendes göttliches Selbst als Bürger angehört und in der es weder Dämmerung noch Dunkelheit, sondern nur Licht gibt, weder Werden noch

Vergehen, sondern nur ewiges Leben und in der alles Seiende im Inneren EINS ist.

Vom inneren Licht
(Zu freien Ufern 12/62)

Wie der Schläfer am Morgen erwacht und fröhlich das Licht des neuen Tages willkommen heißt, so begrüßt die Seele im Augenblick des Selbst-Erwachens froh das Licht des inneren Tages, in dessen Glanz der Alltag sich zum ›All-Tag‹ lebendiger Gott-Teilhabe weitet.

Dieses innere Licht, in dem uns das ewige Selbst entgegentritt, ist die Gipfelerfahrung des Menschen auf seinem Wege über sich selbst hinaus zum Höheren, Göttlich-Absoluten.

Buddha nannte es *»Amitabha – das unermeßliche Licht«;* »Nur der erreichte Nirwana, dessen Seele erfüllt ist vom unermeßlichen Licht der Wahrheit und Wirklichkeit.«

Da dieses Licht immer in uns ist, in unserem spirituellen Herzzentrum, kann Nirwana hier und jetzt erfahren werden.

Christus nannte es »Das Reich Gottes« und fügte hinzu: »Das Reich Gottes kommt nicht mit äußerlichen Gebärden. Man wird auch nicht sagen: ›Siehe hier!‹ oder: ›Da ist es!‹ – Denn sehet, das Reich Gottes ist inwendig in euch.«

Wir finden zu ihm, wenn unser Auge ›ein‹-fältig ist, d.h.: ganz nach innen auf das EINE, das göttliche Licht gerichtet ist. Alsdann wird »der ganze Leib licht«, weil im Aufflammen des inneren Lichtes selbst die Körperhülle durchstrahlt und verklärt wird. »Wenn aber dein Leib ganz Licht ist, daß keine Finsternis mehr in ihm ist, so wird es in dir Licht sein, wie wenn ein Licht mit hellem Blitz dich erleuchtet.« (Luk, 11, 36)

Seit zweitausend Jahren haben tätige Nachfolger Christi Ihn gefunden und erfahren als »... das lebendige Licht, welches alle Menschen erleuchtet, die in diese Welt kommen.« (Joh. 1, 9)

Symeon, der ›Neue Theologe‹ (949–1022), einer der größten Mystiker der griechischen Kirche, möge als einer für viele davon sprechen, wie er dieses innere Kommen Christi wieder und wieder erlebte: »Er kam wie er wollte, und wie eine lichte Nebelwolke niedersteigend, schien er mein Haupt zu umlagern, daß ich bestürzt aufschrie. Er aber, wie entfließend, ließ mich alleine. Und als ich ihn mühevoll suchte, erfuhr ich jählings, daß er in mir selber war, und in der Mitte meines Herzens erschien er wie das Licht der runden Sonnenscheibe...

Er ist in mir gegenwärtig und strahlt in meinem Herzen, kleidet mich in unsterblichen Glanz, durchleuchtet alle meine Glieder, umfängt mich ganz. Mit seiner Liebe und Schönheit sättigt er mich und erfüllt mich mit der Wonne und Süße der Gottheit. Teilhaft werde ich des Lichts, teilhaft der Herrlichkeit und mein Angesicht leuchtet wie dessen, der mein Begehren ist; und alle meine Glieder werden hell...

Er machte mich dem Feuer und dem Lichte gleich. Er und ich sind eins geworden.«

Mehr als einmal erlebte Symeon diese Einswerdung mit dem Lichte Christi:

»Wieder strahlt mir das Licht, wieder schaue ich das Licht in Klarheit. Wieder öffnet es den Himmel, wieder vertreibt es die Nacht, wieder offenbart sich alles. Wieder führt es mich von allen sichtbaren, den Sinnen zugehörigen Dingen weg, reißt mich von ihnen los. Und der über allen Himmeln ist, kehrt wieder in meinem Geiste ein, ohne den Himmel zu verlassen. Und das Licht hebt mich über alles empor und ich, der ich inmitten aller Dinge war, stehe außer allem, ich weiß nicht, ob nicht auch außer dem Leibe. Nun bin ich in Wahrheit ganz da, wo ER Licht allein und einfach ist.«

Das innere Licht ist gewiß nicht die höchste Form der Teilhabe an der Wirklichkeit des göttlichen Seins. Über der Erleuchtung steht die ›Einswerdung‹.

Doch schon im Bereich der Erleuchtung gibt es unzählige Stufen der Helligkeit und Seins-Bewußtseins-Seligkeit. Jene Stufe, die Christus erreichte, ist weit heller, als die etwa eines Jakob Boehme – so strahlend, daß ihre Lichtfülle selbst die Augen des Erwachten blendet, so daß er von dieser Stufe nicht viel auszusagen vermag ...

Schon die niedersten Stufen des Licht-Erwachens aber erfüllen das Herz mit unbeschreiblicher Freude und friedvoller Seligkeit und entscheiden über den Ablauf des weiteren Lebens. Als Beispiel dafür möge mein eigenes Erleben dienen. Zwar widerstrebt es einem, innerlich Erfahrenes nach außen zu ziehen und für alle sichtbar zu machen; aber wie anders soll dem Suchenden bewußt werden, was auch er als inneren Schatz besitzt und in sich zu erwecken vermag? So sei versucht, das Unmittelbare und Unmitteilbare wenigstens annähernd zu verdeutlichen.

Schon als Kind erfuhr ich im Heraustreten aus dem Körper mich selbst als Doppelwesen, wobei mir auch das Doppelgesicht des Lebens bewußt wurde: Das Umschlungen- und Durchdrungensein der Enge des Diesseits von einem größeren Jenseits, das beständig in den diesseitigen Alltag hineinwirkt. Ebenso gewährten mir wiederkehrende Traumreihen Rückblicke in längst versunkene und versteinerte Zeiten, die klarmachten, daß die Vergangenheit immer gegenwärtig und Zeit ein Trugbild der Sinne ist.

Aber dies waren bloße Randerscheinungen, Hindeutungen auf noch unerwachte tiefere Gewißheiten, die mich antrieben, in allen mir zugänglichen Konfessionen und Religionen und in den vielen geistigen Bewegungen unserer Zeit das hohe Ziel der Erkenntnis zu suchen, ohne daß ich dort jedoch mehr fand als Meinungen und Systeme...

Auch in den Büchern, von denen ich als Buchhändler unzählige verschlang, fand ich in der Flut von Worten nur hier und da ein ›lebendiges Wort‹.

Noch mehr machten mir zwei daran anschließende Jahre redaktioneller Tätigkeit die tiefe Kluft zwischen Lehre und Leben und die Inhalts-Armut der üblichen Kultur-Betriebsamkeit bewußt, so daß ich mich schließlich – an einem Herbsttag 1926 – wie eine dunkle, von allem Leben entblößte Wüste fühlte ...

Und da geschah es, daß in dieser Wüste, in der nichts mehr gedeihen wollte, urplötzlich ein Quell aufbrach, ein verborgener Quell des Lichts und des Lebens, der die Wüste über Nacht grünen und fruchtbar werden ließ!

Was dabei von einem Augenblick zum anderen wie eine von einem hellen Blitz erleuchtete Landschaft sichtbar und gewiß wurde, war die ›Sonnenhaftigkeit der Seele‹, von der wohl keiner deutlicher sprach als der Kirchenvater Gregor v. Nyssa: »Wie das Auge durch das Sonnenhafte seiner Anlage das ihm grundverwandte Licht aufnimmt, so ist in der menschlichen Natur ein Gottverwandtes, das für das göttliche Licht empfänglich ist und die Seele zur Gott-Schau befähigt.«

In Bruchteilen einer Sekunde brach hervor, was in Jahren vorher in geistigen Übungen und Meditationen vergeblich gesucht worden war: Die Schau des inneren Menschen, der einem Berge gleicht, dessen Gipfel das »Ich« und dessen Fundament Gott ist.

Je tiefer der Mensch in sich hineinschreitet, desto weiter und lichter werden die Bewußtseinsreiche – beginnend mit dem schmalen Grat des ›Wach‹-Bewußtseins – das die Träumenden für den ganzen Menschen halten, obwohl es nur die dünne Kruste über glutenden Tiefen ist – über die größeren Bereiche des Unter- und Über-Bewußtseins und bis hinab in die unauslotbaren Lichttiefen des All- und Gott-Bewußtseins ...

Dabei war es, als spalte sich der eine Erkenntnisblitz in Myriaden Wahrheitsstrahlen, die ihrerseits zu einem kosmischen Feuerwerk göttlicher Ein- und Ausblicke auseinandergefächert und zu einem bilderreichen Weltenteppich zusammengedrängt würden – zu einem Panorama der Wirklichkeit, in der das schauende Selbst überall zugleich zugegen war – um sich einen Augenblick im Kerker des Ich wiederzufinden ...

Das Licht schwand. Was blieb ist die Gewißheit der Wirklichkeit jenseits des Sinnentraums und der Erkenntnis des Zieles, fortan zu dieser Wirklichkeit hinzustreben und hinzuweisen.

Unmittelbare Frucht dieser ›hilarischen‹ Ziel-Besinnung waren die »BÜCHER DES FLAMMENDEN HERZENS« die damals in wenigen Wochen entstanden und das, was jeder Mensch in seinen Sternstunden erhöhten Wachseins ahnend spürt und auf dem Wege kosmischer Meditationen in Gewißheit verwandeln helfen will.

Sie fanden großen Zuspruch und waren bald vergriffen, so daß nach dem zweiten Weltkrieg eine gekürzte Ausgabe in einem Band mit dem

Titel »DAS LICHT DER SEELE«[1] erscheinen konnte.

Andere Aspekte der kosmischen Schau habe ich in »STERN UNTER STERNEN«[2] und in weiteren Büchern beschrieben. Immer aber kreist alle Weisung um das Sichtbarmachen des inneren Lichtes und um die zentrale Erfahrung des kosmischen Bewußtseins.

Es hat eine Million Jahre gedauert, bis der Mensch aus dem Urzustand tierhaften Kaum-Bewußtseins heraus zum individuellen Ich-Bewußtsein fand – eine Entwicklungsstufe, die der heutige Mensch, weil ihm der Überblick über den Jahrmillionenkreis der Entwicklung des Lebendigen fehlt, selbstzufrieden als Endstufe und Ziel der Menschheitsentwicklung ansieht ...

... In Wirklichkeit ist die Entfaltung des Ich-Bewußtseins nur eine von vielen Stufen und nur ein Übergang zu höheren Bewußtseinsdimensionen, deren Umrisse sich in der heutigen Wendezeit deutlicher abzuzeichnen beginnen.

Die Menschheit ist unzweifelhaft auf dem Wege, eine neue Bewußtseins-Ebene zu erobern, die als die des kosmischen Bewußtseins bezeichnet wird.

---

[1] *siehe hierzu auch mein fünfbändiges Werk »BÜCHER DES FLAMMENDEN HERZENS« (erschienen im Drei Eichen Verlag)*

[2] *Anmerkung des Herausgebers: Zum Zeitpunkt der Drucklegung dieses Buches ist dem Herausgeber nicht bekannt, ob, und falls ja, in welchem Verlag das Buch derzeit lieferbar ist.*

Mit diesem Wachwerden des Menschen für die seinem Ich-Bewußtsein verschlossenen Reiche des Geistes, wird keineswegs absolutes Neuland betreten. Die großen Mystiker und Menschheitsführer sind uns auf dem Wege zu diesem neuen, größeren Reich der Wirklichkeit vorausgegangen und haben diesen Weg sichtbar gemacht für alle, die erwachen und wirklich sehen wollen. Und das Bemerkenswerteste ist wohl, daß die Verkündigungen aller – vom Weg und vom Ziel – übereinstimmen.

Von außen gesehen scheinen die Religionen als die Botschaften der Weltenlehrer so verschieden wie die Menschen. Wer jedoch tiefer blickt, erkennt, daß der Kern aller Religionen der gleiche ist, und daß auch die Wege zum Wachwerden für ihre Wahrheit, im Grunde ein und derselbe Weg sind. Ob der eine diesen Weg in drei Etappen teilt, der andere in acht, noch andere in zehn oder zwölf – es sind immer die gleichen seelischen Erwachens-Stufen auf dem Höhenpfad zum kosmischen Bewußtsein.

Es gibt wohl keinen überzeugenderen Beweis für die Wahrheit der Religionen – aller Religionen – als die Erkenntnis, daß es sich beim religiösen Erleben um eine über alle verstandesmäßige Meinung und Fürwahrhalten erhabene Grunderfahrung allen Menschentums handelt, die den Menschen aller Rassen gemeinsam und von jedem erlebbar ist.

Im Grunde lehren Christus und Buddha, Mahaviran und Lao-Tse, Mohammed und Ramakrishna, Meister Eckehart und der Maharishi, Mystik und Sufismus, Zen und Yoga, Taoismus und Chassidismus – vom zeitbedingten Beiwerk ihrer Kündigungen abgesehen – das Gleiche. Die innere Einheit der Religionen, ihre Übereinstimmung im Wesentlichen, wird dem lebendig bewußt, der den Weg der großen Mystiker und Seelenführer, Erleuchteten und Heiligen – den Weg nach innen – geht.

Daran, wie weit einem Menschen diese innere Einheit der Religionen und die Bruderschaft der Menschen bereits lebendig bewußt ist, läßt sich denn auch ermessen, bis zu welchem Grade geistigen Wachseins er auf dem Wege nach innen bereits gelangt, wie tief er in das Großreich des kosmischen Bewußtseins vorgedrungen ist.

Unter der Nacht ist Tag
(Zu freien Ufern 01/63)

Als mir in der Entflammung des Herzens gewiß ward, daß sich unter der Nacht-Hülle des Körpers und Bewußtseins die Helle des inneren Tages, des kosmischen Bewußtseins verbirgt, da wurde mir zugleich bewußt, daß das Licht, das mir sichtbar wurde, anderen, Größeren hundertmal heller erstrahlte.

Von da an begann ich nach Zeugnissen solchen Durchbruchs durch die Kerkermauern des Tagesbewußtseins zur Freiheit des Allbewußtseins Ausschau zu halten und mich den wesensverwandten Mystikern zuzuwenden, die sich dadurch, daß sie vom inneren Licht künden, das in jedem Menschen darauf wartet, ihn zu erleuchten, als Glieder einer zeitlosen Gemeinschaft der Erwachten ausweisen. Sie alle fragen mit Herder:

»Wer bist du, neu erwachte Seele,
Die in sich selbst als eine Sonne blickt
Und gießt in einem zarten,
strahlenden Gedanken
Der Farben ganzes Meer?«

und antworten mit Fichte:

»Was meinem Auge diese Kraft gegeben,
Daß alle Mißgestalt ihm ist geschwunden,
Daß ihm die Nächte werden heit're Sonnen,

Unordnung – Ordnung
Verwesung – Leben?...

Was durch der Zeit,
des Raums verworr'nes Weben
Mich sicher leitet hin zum ew'gen Bronnen
Des Schönen, Wahren, Guten und der Wonnen
Und darin vernichtend eintaucht
all mein Streben?...

Das ist's: Seit in Uranias Aug' die tiefe,
Sich selber klare, blaue stille reine
Lichtflamm' ich selbst still hinein gesehen –
Seitdem ruht dieses Aug' mir in der Tiefe
Und ist in meinem Sein das ewig' EINE
Lebt mir im Leben – Licht in meinem Sehen!«

Evelyne Underhill hat in ihrer Studie über Mystik (München 1928) Beispiele solchen Licht-Erwachens gegeben, von denen das des englischen Mystikers Richard Rolle (1290–1349) als typisch wiedergegeben sei:

»Ich saß in einer Kapelle, und während ich die Süßigkeit des Gebets und der Meditation genoß, fühlte ich plötzlich in mir eine fröhliche Glut... Ich staunte, als ich fühlte, wie mein Herz warm wurde und anfing zu ›brennen‹, wirklich zu brennen, nicht nur in meiner Einbildung, sondern gleichsam von einem sinnlich wahrnehmbaren Feuer. Ich staunte wahrlich, als dieser Brand in meiner Seele aufschoß und ein nie gekanntes Wonnegefühl mich überkam. In meiner Unkenntnis solchen heilenden Überflusses habe ich nach meiner Brust gegriffen, um zu sehen, ob dieses Brennen irgendwelche äußeren körperlichen Ursachen hätte. Aber als ich sah, daß es durch innere geistige Ursache entzündet, und daß es nicht das Brennen fleischlicher Liebe war, erkannte ich darin die Gabe meines Schöpfers.«

Von der gleichen Erfahrung berichtete der indische Mystiker Ramakrishna: »Ein Strom geistigen Lichts kam, überflutete meine Sinne und zwang mich aufwärts.«

Zweitausend Jahre früher beschrieb es der chinesische Weise Tschuang-Tse so: »Die Menschen der höchsten Geistigkeit steigen zum Lichte auf und das Körperhafte entschwindet. Dieses nennen wir: Hell und himmelhaft sein ... Da wird der Geist strahlend wie der Morgen und er schaut das Wesen von Angesicht zu Angesicht.«

Der friesische Bauer Hemme Hayen schildert seine Erfahrung in seinem 1689 niedergeschriebenen Lebenslauf (gekürzte Wiedergabe nach Martin Bubers EKSTASISCHE KONFESSIONEN, Jena 1909):

»Am Morgen des 04. Februar 1666, kurz vor Tagesanbruch, wurde ich durch die Kraft des Lichts aufgeweckt. Meine Gedanken fielen auf bestimmte Sprüche aus der Schrift, die ich sogleich in ihrem geistigen Sinn verstand. Ich hatte darin ein sehr tiefes Schauen, wie es mir zuvor niemals geschehen war. Ich dachte an andere Worte der Heiligen Schrift und verstand auch diese sehr klar. Ja, worauf meine Sinne fielen, das begriff ich sogleich auf geistige Weise... Ich war innerlich erfüllt und durchglutet, daß ich meinte, ich müßte vergehen vor der Herrlichkeit.«

Zuweilen strahlt das innere Licht dabei so hell auf, daß es auch von anderen wahrgenommen wird. So berichtet der Verfasser der »Nachfolge Christi«, Thomas von Kempen, über die niederländische Mystikerin Lidwina von Schiedam: »Außer ihrer geistigen Erleuchtung, über die sich große Männer der Wissenschaft und der Religion, die in den geistigen Studien bewandert waren, überaus verwunderten, ging von ihr sehr häufig bei Tag und Nacht auch ein körperliches Leuchten aus. Wenn sie von der Betrachtung der himmlischen Dinge zurückkehrte, fanden die Gefährtinnen sie von so mächtiger himmlischer Helligkeit umgeben, daß sie beim Anblick des Glanzes von starker Furcht ergriffen wurden und sich ihr nicht zu nähern wagten. Ihre Zelle wurde bei Nacht häufig von diesem Glanze so erleuchtet, daß es denen, die es sahen, vorkam, wie wenn die Zelle voll von Lampen oder von Feuer wäre.«

Herbert Thurston stellt in seiner Arbeit über die »körperlichen Begleiterscheinungen der Mystik« (Luzern 1956) fest, daß sich in der hagiographischen Literatur Hunderte derartiger Beispiele von, auch für die Umwelt sichtbar gewordenen, Licht-

Erscheinungen finden, von Philip Neri und Karl Borromäus bis zu Ignatius Loyola und Franz von Sales. Von dem 1616 in Lecce verstorbenen Pater Bernardino Realini berichteten viele Augenzeugen, daß der »Ungewöhnliche Glanz, der sein Gesicht zeitweise völlig verwandelte, so stark erstrahlte, daß die Zuschauer die Augen abwenden mußten.«

Doch lassen wir einige Erwachte selbst von ihren Erfahrungen sprechen. Die italienische Mystikerin Angela v. Foligno (1248–1309) berichtet von der Erleuchtung: »... Danach wurde ich im Geiste erhoben und fand mich ganz in Gott ... Meine Augen wurden aufgetan, und ich sah die Fülle der Gottheit, in der ich die ganze Welt begriff, diesseits wie jenseits des Meeres und das Meer und den Abgrund und alle Dinge. Ich sah in ihnen nichts als die göttliche Macht. Und es war so unbeschreiblich wunderbar, daß die Seele ausrief: ›Die ganze Welt ist von Gott erfüllt!‹

... Da ist die Seele aus aller Finsternis gezogen, und ihr wird ein größeres Erkennen Gottes zuteil, als ich verstehen und beschreiben kann, und dies mit einer so großen Helligkeit und Gewißheit und in einem so tiefen Abgrund, daß es kein Herz gibt, daß ihn erreichen könnte. Daher kann auch mein Herz nachher nicht dazu kommen, etwas davon zu verstehen – außer dem seinen, daß es der Seele von Gott geschenkt wird, daß sie darin erhoben wird.

... Gar oft ward meine Seele so von Gott erhoben. Meine Zustimmung wird nicht gefordert. Denn während ich es erhoffte und nicht daran denke, wird plötzlich die Seele von Gott erhoben, und es scheint, als sei ich nicht auf der Erde, sondern im Himmel, in Gott. Dieser erhabene Zustand ist von so großer Fülle, Klarheit und Gewißheit, Veredelung und Erweiterung, daß ich erkenne: ›Kein anderer Zustand kommt ihm nahe.‹

Dieses Offenbaren Gottes hatte ich mehr als tausendmal; immer neu und immer in verschiedener Weise.«

Ähnlich berichtete Jakob Boehme vom Aufstrahlen des inneren Lichts: »Dieses Licht war meiner unbändigen Natur ganz fremd, aber in ihm erkannte ich das wahre Wesen Gottes und der Menschen und ihr Verhältnis zueinander, was ich nie zuvor verstanden hätte.«

Im gleichen Sinne sprach Johannes Tauler von der Erleuchtung, in der sich »so offenbar zeigt, daß man gar nicht zweifeln kann, daß es Gott selbst sei, der sich zu erkennen gibt, gleichsam in der Form jähen Lichts.«

Am Anfang des Erwachens zum kosmischen Bewußtsein steht das Innewerden eines hellen Glanzes. Es ist, als entweiche die Finsternis der Nichterkenntnis, als breche von innen her eine Lichtflut auf, die sich über Seele, Körper und Umwelt ergießt und schließlich das ganze Universum mit ihrem Glanz durchflutet, überstrahlt und verklärt – oder als werde von der Welt für einen Augenblick ein verbergender Vorhang weggezogen, so daß es plötzlich in ihrer lichtvollen Wirklichkeit nicht nur *Be*leuchtung und Wärme von außen gibt, sondern *Er*leuchtung von innen dergestalt, daß alles, was ihr Licht berührt, sogleich selbst strahlend und durchscheinend wird und sich als Teil einer höheren schattenlosen Lichtwelt offenbart...

Mechthild von Magdeburg sprach treffend vom *fließenden Licht der Gottheit*, das im Erwachen der Seele wie aus einer Quelle hervorströmt, dem sich K. von Rosenroth (1636–1689) anbetend zuwandte:

»Morgenglanz der Ewigkeit –
Licht vom unerschaffenen Lichte!«

Ebenso meinte es der englische Dichter Robert Browning (1812–1889)

»Ich brauch' nur die Augen zu öffnen –
und wie ich sie ahnte,
die Vollkommenheit, so steht sie vor mir,
und Gott blickt mich an.
Aus jedem Stern und Stein,
dem Leib und der Seele.«

Zweihundert Jahre früher gab sein Landsmann John Milton (1608–1674) der gleichen beglückenden Gewißheit Ausdruck:

»... Licht – ätherisch Urding,
reine Quintessenz,

... Himmelssproß, Erstgeborener,
ew'ger Strahl des Ewigen!
Seit Gott ist Licht und immer nur
im unnahbaren Licht
Von ewig wohnte, wohnte er in dir,
Lichtstrom aus unerschaffener Wesenheit!«

»Es scheint in der Tat« – meint Evelyn Underhill mit einem abschließenden Wort über die gemeinsame Licht-Erfahrung der Mystiker – »als ob das Erreichen neuer Bewußtseinsebenen den Mystikern die Fähigkeit gibt, einen Glanz wahrzunehmen, der immer da ist, allein unseren beschränkten Augen nicht zugänglich ...«

Die Zeugnisse über diesen Punkt sind so gehäuft, daß sie auf jedem anderen Wissensgebiet als Beweis dafür gelten würden, daß in der Tat ein wirkliches, wunderbares, unbeschreibliches Licht da ist, das ›als Licht sich selbst erleuchtet‹ und des Erkennens durch den Menschen harrt.

Friedrich von Schiller gibt dieser für jeden erfahrbare Wahrheit Ausdruck, wenn er sagt:

»Sobald es licht wird in dem Menschen
ist auch außer ihm keine Nacht mehr.«

Auch dir leuchtet das Licht

(Zu freien Ufern 03/63)

Von einem Dichter unserer Tage, Will Vesper, stammt folgendes Trostwort:

»Fürchte dich nicht,
in Gottes Haus brennt immer Licht«.

Damit möchte er uns auf uns selbst und auf das Licht Gottes in uns hinweisen. Im gleichen Sinne sprach schon der Begründer der Gemeinschaft der Freunde, für die seit dreihundert Jahren das ›Licht Christi im Herzen‹ Angelpunkt ihres Denkens und Lebens ist, George Fox, im Jahre 1644 davon, »daß ein jeder Mensch von dem göttlichen Licht Christi erleuchtet ist. Ich sah es durch alles hindurchscheinen. Und die daran glaubten, kamen aus der Verdammnis in das Licht des Lebens und wurden Kinder des Lichts.«
Wenige Jahre später, 1655 erklärte ein Quäker, William Dewsbury, daß »Gott jedem Menschen ein Maß von Gnade gegeben hat, nämlich das Licht, das von Christus kommt. Alle, die in diesem Licht, das die Gnadengabe Gottes ist, darauf warten, daß die Macht Christi die Sünden tilgt und sie im Gehorsam gegen das Licht führt, alle diese werden den wahren Gott und Vater des Lichts in Christus erkennen lernen, der der Weg zu Ihm ist.«
Den gleichen Geist atmet eine 1920 in London veröffentlichte Erklärung der Quäker, die feststellt,

»daß das Licht von Gottes Heiligem Geist in der Seele des Menschen leuchtet – potentiell in allen Menschenseelen – und daß dieses der Seele in tatsächlichem Erleben kund wird, wenn sie sich dem Lichte zuwendet und ihm folgt.

Das Licht Christi kann von einem jeden in seiner Seele erlebt werden. Unser Vermögen, das göttliche Licht wahrzunehmen, ist unter allen Gaben diejenige, die wir am meisten pflegen und entwikkeln sollten. So wie Leibesübungen den Körper kräftigen und Erziehung den Geist weitet, so wächst die geistige Fähigkeit in uns, wenn wir uns darin üben, Gottes Willen zu erkennen und zu tun.

Wer aufrichtig dem Licht folgt, das er in sich hat, wird sein geistiges Auge entwickeln und mit immer sichereren Schritten zur Wahrheit geführt werden.

Das Licht, das den ehrlichen, aufrichtigen und demütigen Sucher leitet, ist Gott, der die Liebe ist. Dies ist der Weg zum Frieden mit allen Menschen; denn in dem Willen Gottes ist kein Mißklang. In seinem Lichte entdecken wir, daß er in allen anderen Menschen wirkt wie in uns und *wir werden eins mit ihnen* in seiner Liebe... *Es ist unser Bestreben, durch unser Leben und Wort die Menschen zu dem göttlichen Licht in ihren Seelen zurückzuführen, das sie, wenn sie ihm nur folgen, zu der Erlösung führen wird, die in Jesus Christus ist.*«

Man könnte diesen Stimmen hundert weitere von Mystikern aller Zeiten und Kulturen über das innere Licht, das in jedem Menschen leuchtet, an die Seite stellen.

Aber es ist nicht beabsichtigt, hier eine Geschichte des inneren Lichtes oder psychologische Erklärungen dieser religiösen Gipfel-Erfahrung zu geben, sondern nur, an Hand der Erlebnisse und Aussagen eines halben Hunderts der größten Mystiker* und Mystikerinnen aller Zeiten den Aufgang des inneren Lichts Wahrheitssuchern jeder Richtung als erreichbares Ziel sichtbar zu machen.

Bei der in chronologischer Folge versuchten Würdigung der einzelnen Erleuchteten wurde das Biographische entweder – wie bei Christus – als bekannt vorausgesetzt oder auf jene Daten und Ereignisse beschränkt, die für das Verständnis des Erwachens zum kosmischen Bewußtsein bedeutsam waren. Damit werden keinerlei wissenschaftliche, sondern lediglich praktische Ziele verfolgt, wobei ich mir der Unzulänglichkeit unserer Sprache für die Wiedergabe außersinnlicher Erfahrungen bewußt bin. Eben dieses empfindet der Mystiker am stärksten, der sich vor der Aufgabe sieht, *das Wort, das in ihm lebendig und laut wurde, in Worten vernehmbar zu machen*...

---

* *siehe hierzu mein Buch »IN DIR IST DAS LICHT«. Anhand von mystischen Erfahrungen und Lehren 49 Erwachter, Heiliger und Menschheitslehrer werden hier Gemeinsamkeiten der Erfahrung des inneren Lichts und des kosmischen Bewußtseins aufgezeigt und der Weg zum eigenen Leben und Erwachen, zur Selbstverwirklichung sichtbar gemacht (Drei Eichen Verlag).*

... Was er sagt, mag manchmal weder gelehrt noch klug klingen, aber es birgt das Gold der Wahrheit. Er gibt nicht taubes Gestein, sondern führt zu den Schätzen eines höheren Bewußtseins, in das die Menschheit heute, an der Schwelle eines neuen Zeitalters, einzutreten beginnt und das sich jedem erschließt oder zumindest als Randerfahrung bemerkbar macht, der wach und wachsam den Weg nach innen geht und dabei die Weisungen der Mystiker beachtet, die diesen Weg bis ans Ende gegangen sind.

Wir sehen uns inmitten einer gewaltigen kosmischen Evolution, die uns Erdenbewohner vom Tier-Menschen über den gegenwärtigen Kaum-Menschen zum Voll-Menschen und schließlich zum Gott-Menschen hinführt. Wie wir vor langen Zeiten aus dem kollektiven Dämmerbewußtsein zum Ich-Bewußtsein gelangten, so sind wir heute im Begriff, von dort zur abermals höheren Ebene des kosmischen Bewußtseins durchzustoßen. *Die religiösen Führer aller Zeiten sind uns hier als Wegbereiter vorausgegangen.*

Die Erkenntnis ihrer Art der Selbstverwirklichung und Allvereinigung hat zwei Wirkungen: Einmal wird das, was den meisten Menschen noch unbewußt und unklar ist, ins Licht gerückt und erhellt; zum anderen werden dadurch in immer mehr Menschen günstigere Bedingungen für ihr eigenes Erwachen zum inneren Licht geschaffen, soweit dies von außen her möglich ist. Denn das kosmische Bewußtsein ist in keinem Falle willentlich herbeiführbar; wohl aber kann sich jeder dafür reif und bereit machen, dieses Geschenk der Gottheit zu seiner Zeit zu empfangen.

Man kann es, wie schon Plato erkannte, nicht erzwingen, aber sich durch beständige Übung geneigt machen, »bis es sich plötzlich in der Seele entzündet, wie eine Flamme aus einem Funken aufflammt.«

Und noch ein Drittes möchte und kann diese Besinnung uns bewußt machen, nämlich daß die Bruderkette der zur Wirklichkeit Erwachten bis in die Urvergangenheit der Menschheit zurück- und bis in die fernste Zukunft hinausreicht; daß die Zahl der Erwachten und Erleuchteten weit größer ist, als die Menschen ahnen und ihre Schar mit jedem Jahrzehnt zunimmt, sowie jedem die Möglichkeit offensteht, in diesem Leben, *hier und jetzt*, ein lebendiges Glied dieser bis zu Gott hinanreichenden Kette zu werden – indem er sich nach innen wendet und sich dem inneren Lichte offen hält bis es in seiner Seele aufstrahlt, sein Herz und Gemüt erfüllt und sein ganzes Leben verklärt und verwandelt.

... Eben darum ging und geht es den Mystikern und Weltenlehrern bei Ihren Verkündigungen: *Möglichst viele Menschen, die noch nichts von der Seligkeit des kosmischen Bewußtseins wissen, sollen zu diesem Erleben hingeführt werden und erfahren, daß das Leben weit tiefer und reicher ist, als das Tagesbewußtsein weiß, daß es Beglückung birgt, dem gegenüber alle Sinnengenüsse schal und arm erscheinen, und daß in diesem Erwachen der Seele Bewußtseins-Dimensionen sich auftun, mit denen verglichen, das zeit- und raumgebundene ›Wach‹-Bewußtsein ein tiefer Schlaf ist.*

Hier liegt unsere eigentliche Aufgabe: Aus unbewußten zu *bewußten Trägern des göttlichen Lichts* zu werden, wie es Christus und alle großen Erleuchteten der Menschheit, von denen hier die Rede ist, sind.

Wer den Willen zum Licht im Herzen hoch hält und ihn wie eine Fackel vor sich her trägt, der wird Erleuchtung erlangen – gleich wer und wo er ist. Wenn seine Seele reif und wach ist, kann ein Blick, ein Wort, eine Blume, ein Anstoß, eine Frage oder eine Erschütterung im inneren oder äußeren Leben es zum Aufflammen bringen.

Zwar ist Erleuchtung noch nicht Eins-Werdung. Obwohl jede Berührung des kosmischen Bewußtseins vom Aufbruch des inneren Lichts begleitet ist, ist nicht jedes Licht, das einem aufgeht, schon Zeichen des Angerührtseins vom höheren Bewußtsein. Aber es zeigt, daß wir ›auf dem Wege‹ sind und daran gehen sollten, diesen Weg nicht mehr unbewußt zu gehen, sondern bewußt uns selbst zum Wege zu werden, immer tiefer in uns hinein zu schreiten und von Licht zu Licht aufzusteigen, immer der Weisungen eingedenk, die alle Mystiker uns zuteil werden lassen, bis wir über uns selbst hinauswachsen in die Seins-Bewußtseins-

Seligkeit des Einsseins mit dem Herzen der Weltengottheit. Mit einem Wort E. Kernings ausgedrückt:

»Komm in mich!« – ruft dein göttlich'
Selbst dir zu:
Du bist nur eine meiner Hüllen.
Warum lebst Du nur im Außen?
Gilt dir das Kleid mehr als sein Träger?

»Komm in mich!« – ruft die Stimme der Stille:
Was deine Augen sehn, bin nicht ich.
In dir nur kann ich mich dir offenbaren
und dich mit neuer Erkenntnis bereichern.
In dir sind die lichteren Sinne,
die den Hauch des göttlichen
Wortes vernehmen.

»Komm in mich!« – ruft Gott:
Ich bin das Licht, die Kraft
und das Himmelreich in dir.
Ich bin es,
aus dem dein Leben und alles Leben erfließt.
Komm zu mir – zur Quelle!
Nur in dir findest Du zur Selbst-Verwirklichung
Und zur Vollendung.

»Geh' in dich!« – ruft das ganze All:
Erkenne, daß alles in dir ist!
Warum entfernst Du dich vor dir selbst?
Warum suchst du das Glück
und den Frieden außerhalb?

Nur in dir ist der Friede!
Nur in dir ist die Wahrheit!
Nur in dir ist der Quell der Fülle,
der aus dem Herzen der Gottheit entspringt.

Der Logos – das innere Licht

(Zu freien Ufern 01/68)

Im Anfang war der Logos – das Wort – das Licht! Das ist der Kerngedanke des esoterischen wie des praktischen Christentums, der für den Makrokosmos, das Universum ebenso Gültigkeit hat wie für sein lebendiges Kleinbild, den Mikrokosmos, den Menschen. In beiden lebt und wirkt das gleiche göttliche Urlicht.

Es ist der Kerngedanke auch der anderen Hochreligionen, die gleichermaßen dem Menschen helfen wollen, des inneren Lichtes und Wortes bewußt zu werden, zum Licht-Erwachen, zur Selbstverwirklichung zu gelangen und als Erleuchtete, als »Kinder des Lichtes« zu leben – frei von Sorge, Mangel und Not, Ungewißheit und Unfrieden.

Im Innern allen Lebens und Seins ist Licht – heißt es sinngemäß in der Einleitung des Lebensbuches IN DIR IST DAS LICHT (Drei Eichen Verlag): »Darum ist des Lebens höchste Erfahrung das Selbst-Erwachen, Innewerden des lichten Innern, Erwachen zu innerem Licht. Darum ist aller Religionen Gemeinsames die Erfahrung und Gewißheit des göttlichen Lichtes im inneren der Seele.

Religion ist nicht – wie sie in Nachschlagewerken definiert wird – eine »Verhältnisbeziehung des Menschen zu einem von ihm als ›Ganz-Anderem‹ Empfundenen, einer außer ihm seienden höheren Macht« – sondern ihrem Wesen nach ein Erwachen zum inneren Licht. Da jedes Wesen Träger dieses inneren Lichtes ist, hat die Lichtwerdung von innen her zu allen Zeiten stattgefunden, wie die Geschichte der Religionen zeigt. Religion ist ein dynamischer Prozeß schrittweisen Erwachens der Seele.

Eduard Spranger sprach in seiner vor Jahren veröffentlichten Arbeit »DER UNBEKANNTE GOTT« von drei Stufen: *Dunkel, Halbdunkel und Licht!*

Der primitive, naturgebundene Mensch ist noch von *Dunkelheit* umfangen, die, in der ersten ahnenden Berührung mit dem Höheren, den Glauben an Dämonen gebar, den Mythos, den Kult, die Magie – und schließlich die Wissenschaft, der wir die Meisterung der anfangs gefürchteten Kräfte der Natur und des Lebens zu verdanken haben.

Auf der zweiten Stufe des *Halbdunkels* erwachte allmählich die Erkenntnis, daß sich »nur im ›gelebten Leben‹ der Sinn des Daseins offenbart, also das, was Gott mit uns will«, wie Spranger anführt. Hier bleibt das Göttliche nicht mehr völlig im Dunkel; der Mensch hat »eine Ahnung von Gott, eine *divinatio,* die sprachlich nicht zufällig mit dem *divinum,* dem Göttlichen, zusammenhängt. Aber noch bleibt alles Halbdunkel, denn die positiven Momente leuchten nur flüchtig auf.« In solchen positiven Momenten wird erstmals die Wahrheit des Faust-Wortes verspürt: »Allein im Innern leuchtet helles Licht.«

Damit betritt der Mensch die dritte Stufe – der des *Lichtes:* Er wendet sich nach innen, wird zu einem Lichtsucher, dem sich »Gott im einsamen Grunde der Seele ankündigt.« Spranger spricht hier von »einer ›Lichtwerdung der Seele‹, die das Hervortreten Gottes in ihr ankündigt.« Vor dieser Lichtwerdung werden dem Sucher aber die Schatten des Leids um so tiefer und schmerzlicher bewußt. Ebenso sicher aber leuchtet ihm jenseits des Leids das Licht der göttlichen Liebe, in deren Helle er sein Leben von Gott getragen und geleitet sieht und sich in Gott geborgen weiß.

Anders gesehen: Aus dem *verborgenen Gott* wird der *bergende Gott*, an dessen Geist und Wesen man teilhat, zu dessen Licht die Seele erwacht. In diesem Lichte empfangen wir die Ahnung eines höheren Lebens – eines wahren Lebens. Wir wandeln nicht mehr in der Finsternis, sondern im Licht. Wir wissen dann, daß der Logos, das Wort, Christus in uns, in jedem von uns als unser innerstes Selbst lebendig ist, daß das Licht der innere, überbewußte Leitstern unseres Lebens, unseren Weg erhellt.

Mit Johannes erkennen wir, daß Logos und Licht eins sind: *»Im Anfang war das Wort – der Logos – und das Wort war bei Gott und Gott war das Wort... In ihm war das Leben und das Leben war das Licht der Menschen... Und das Licht scheint in der Finsternis (der Nichterkenntnis) und die Finsternis hat's nicht begriffen. Es ist das wahrhaftige Licht,* *welches alle Menschen erleuchtet, die in diese Welt kommen ...«*

Das heißt: In jedem, auch in dir ist das Licht! Jeder, der Leben hat, ist Träger des Lichtes; er bringt es bei seinem Eintritt ins Dasein mit sich und mit dem Licht das Wort, und mit dem Wort Gott: Den Gottesfunken im Seelengrund, der er seinem innersten Wesen nach ist.

Wohl dem, der es erkennt und ihm folgt!

Jesus wußte, wie schwer es ist, denen, die vom Wort und Licht in ihnen noch nichts spüren oder wissen, die Wahrheit zu künden, die sie mangels eigener Erleuchtung nicht sehen und begreifen. Solchen und den erst halb Erwachten sagte er: *»Ich habe euch noch viele Dinge zu künden, aber ihr könnt jetzt noch nicht begreifen; aber wenn der Geist der Wahrheit kommt, wird er euch in Wahrheit leiten.«*

Das heißt: Wenn das Licht in euch aufgeht, werdet ihr die Wahrheit erkennen, und die Wahrheit wird euch frei machen. Der *Geist der Wahrheit* kommt, wenn wir uns einwärts wenden, die Augen nach außen schließen, um sie nach innen zu öffnen und der Lichtheit der inneren Welt gewahr zu werden, der Gegenwart des ›Reiches Gottes in uns‹ gewiß zu werden. Alsdann gewahren wir, daß das Licht uns immer leuchtet, das göttliche Wort immer in uns tönt und dem nach innen Horchenden und Gehorchenden jederzeit vernehmbar und gewiß ist. Dann wird das Licht, der Logos, der Geist der

Wahrheit uns zum Tröster und Helfer, dessen Wort und Weisung keiner Beweise bedarf, weil sie nicht Wissen, sondern Gewißheit bringt und jene Sicherheit, die die Welt nicht besitzt.

Dies meinte Jesus, als er vom *Heiligen Geist* sprach, *»den mein Vater senden wird in meinem Namen; derselbe wird euch alles lehren, denn er wohnt in euch und wird immerdar mit euch sein.«* Weisheit ist dann nicht mehr Wunsch und Ziel, sondern Gewißsein der Wirklichkeit.

Diese Gewißheit ist immer in uns. In uns ist der Quell aller Hilfe und Heilung, Weisheit und Führung, deren wir bedürfen, um das Dasein zu meistern und unseres Lebens Sinn zu erfüllen. Wer des inneren Lichtes bewußt wird, der weiß um Weg und Ziel.

In dieser Sicht erweisen sich weise Menschen als Erleuchtete, die im Lichte wandeln, wie dunkel es auch um sie herum sein mag. Solch Erleuchtetsein ist in keiner Weise auf die Anhänger eines bestimmten Glaubens beschränkt, denn *das innere Licht erleuchtet alle Menschen, die in diese Welt kommen* und eint sie in diesem Erleuchtetsein.

Es gibt Christen, die nicht hierum wissen und für die das Wort des Johannes gilt: *»Er kam in sein Eigentum, und die Seinen nahmen ihn nicht auf.«* Und es gibt ›Heiden‹, die zum Christus in ihnen, zum Logos, zum inneren Licht fanden und Johannes' Wort wahrmachten: *»Wie viele ihn aufnahmen,* *denen gab er das Recht, Gottes Kinder zu werden«* – gleich, welchem Bekenntnis, welchem Volk oder welcher Rasse sie angehören.

Wenn dieses innere Licht aufstrahlt, versteht der also Erleuchtete die Heilige Schrift jeder Religion unmittelbar: Er erkennt die verborgene Weisheit in allem Geschehen, sieht hinter allem das planvolle Wirken der göttlichen Liebe und weiß sich allem Leben, Mensch, Tier und Pflanze tief innerlich verwandt, brüderlich verbunden und *eins*.

Alle, in denen das innere Licht aufleuchtet, erkennen sich als Kinder des gleichen Vaters, des unendlichen Geistes des Guten – einerlei, welchen Glauben sie bekennen. Im Licht des Inneren erkennen und bejahen sie die Einheit aller Religionen im Innersten und ihre Gemeinsamkeit als Glieder der einen unsichtbaren Kirche der Weltengottheit, die alle Religionen und Konfessionen und alle Wesen auf allen Welten liebend umschließt.

Zu ihnen braucht Christus nicht zu kommen, weil er für sie schon da ist. Für sie ward die Verheißung des göttlichen Wortes, des Logos, des Geistes der Wahrheit, lebendige Wirklichkeit:

»Siehe, ich bin bei euch alle Tage bis an der Welt Ende.«

Schwierigkeiten

(Zu freien Ufern 02/68)

Ist unsere Stimmung betrübt, sind unsere Urteile getrübt – und ebenso unsere Entscheidungen und Handlungen.

Die dann folgenden äußeren Mißhelligkeiten zeigen, wie weit es an der Hinwendung zur inneren Helle fehlt.

Ist unsere Stimmung sonnig, Ausdruck des Gewißseins der inneren Sonne, sind unsere Wertungen durchsonnt und unsere Entscheidungen und Handlungen besonnener und glückhafter.

Ent-Täuschungen ent-hüllen Selbst-Täuschungen.

Manche sind deshalb enttäuscht, weil sie nicht ent-täuscht sein wollen, weil sie noch an der Täuschung, am Sinnenschein des Lebens hängen.

Sie sollten erkennen, daß ihr Ungemach von ihnen selbst ungemacht, zu nichts gemacht, durch rechtes Denken und Handeln aufgehoben werden kann und muß.

Da Widerwärtigkeiten mit der Länge des Zuwartens wachsen und da der Weg des Abwartens leicht abwärts führt, fordert die Lebensklugheit mit Recht, das Abwarten durch Abwägen und das Zuwarten durch Zutrauen und zuversichtliches Wagen zu ersetzen und bejahend das Rechte zu tun.

Der Unweise sieht nicht, das die Verhängnisse Echo seines Hanges sind, seiner unbewußten Bestrebungen, daß die Verhältnisse durch sein Verhalten bedingt, durch seine gedankliche Haltung gefärbt und geformt sind – und daß beide von innen, vom inneren Halt her, in Ordnung gebracht werden.

Der Bodhisattva-Pfad

(Zu freien Ufern 03/68)

I.

Der Weg zur Vollendung hat viele Stufen, von denen die noch erkennbare höchste für den Menschen des Westens die des *Christus* ist, für den Osten die des *Buddha* mit ihren Parallelen in anderen Hochreligionen.

Eine Vorstufe, die zu erreichen jeder Mensch befähigt ist, ist die des *Bodhisattva* – wörtlich, eines Wesens, dessen höchste Eigenschaft (sattva) die Erkenntnis ist, die innere Lichtwerdung, die Erleuchtung (bodhi).

Ein Bodhisattva ist ein selbst-erwachter Träger göttlicher Weisheit und Kraft, im Mahayana-Buddhismus ein zum inneren Licht erwachter Mensch, ein potentieller oder werdender Buddha. Er ist ein bis an das Tor der vollen Erleuchtung, der Buddhaschaft, des Heimgangs ins Übersein des *Nirvana* Gelangter, der jedoch aus grenzenlosem Erbarmen und liebender Hilfsbereitschaft auf den endgültigen Durchgang verzichtet, um möglichst vielen anderen Wesen zum Selbst-Erwachen und zum Beschreiten des Bodhisattva-Pfades zu verhelfen.

Jeder Buddha – jeder vollkommen Erwachte, Erleuchtete und Vollendete – war östlichem Glauben zufolge in seiner vorangegangenen Verkörperung ein Bodhisattva, der seine selbstgewählte

Aufgabe erfüllt hatte, dadurch so weltfrei und karmalos wurde, daß er von selbst zur Vollendungsstufe des *sammasambuddha* durchbrach und nun in seiner letzten irdischen Verkörperung unter den Menschen als Quell der Erleuchtung für Millionen erschien. Er hat das Ende des Weges zur Vollendung erreicht, von dessen einzelnen Stufen Kuan-Yin sprach:

»Kann man zwei Wesen dazu verhelfen, daß sie sich um Erleuchtung bemühen, entfaltet man mehr Kraft aus sich, als man für sich selbst benötigt;

vermag man zehn und mehr Wesen dazu zu verhelfen, erlangt man die Anwartschaft auf wachsende Erkenntnis und Seligkeit;

kann man hundert und mehr Wesen zum Selbst-Erwachen und zur Erleuchtung leiten, hat man den Bodhisattva-Pfad betreten;

verhilft man zehntausend und mehr dazu, hat man die Stufe des vollkommenen Erleuchteten erreicht.«

Dieser Weg liebend-hingebender Hilfe gegenüber allen Wesen steht jedem offen.

II.

Den Bodhisattva-Pfad betritt, wer, was er an Erkenntnis und Weisheit gewann, aus innerstem Bedürfnis in den Dienst der Vollendung anderer Wesen stellt und sie auf ihren eigenen Weg zur Vollendung weist im Sinne des Buddha-Wortes: »Seid eure eigene Zuflucht! Werdet euch selbst zur Leuchte!«

Wer dem inneren Drange folgt, den, noch der Maya, dem Trug der Nichterkenntnis Verhafteten, Wesens-Blinden und Weg-Unsicheren zu helfen, geht den Weg des Bodhisattva. Er dient den noch über sich selbst Ungewissen, nichts von der potentiellen Gottunmittelbarkeit ihres Selbstes wissenden als Fährmann über den Strom des *Samsara* – des ewigen Kreislaufs des Werdens und Vergehens. Er leitet sie zu neuen Ufern zum überseienden Urlichtreich des Nirvana. Er geht aber nicht mit ihnen hinüber, sondern kehrt zurück, um weiteren Wesen über den Strom zu helfen...

... Solche Bodhisattvaschaft bedeutet keinen endgültigen Verzicht auf Nirvana; denn wer einmal zum *Amitabha*, zum unermeßlichen Licht der Gottheit erwachte, kann jederzeit den endgültigen Durchbruch zum Urlicht vollziehen. Aber er verzichtet aus Mitleid und Liebe gegenüber allem, was lebt und noch seiner selbst unbewußt ist, um möglichst vielen Wesen als Lehrer und Vorbild zum Betreten des Bodhisattva-Pfades zu verhelfen.

Er hängt nicht mehr am Dasein, benutzt aber dessen Möglichkeiten, um anderen Wesen die Bahn der Selbstbefreiung, Erleuchtung und Vollendung bewußt zu machen. Er ist eine Verkörperung der Liebe; er verbindet hilfreiche Fürsorge mit Weisheit. Ob er als Bodhisattva nur noch eines oder noch viele Leben der Belehrung und Aufopferung für andere vor sich hat, bekümmert ihn nicht; freudig-freiwillig folgt er dem inneren Drang und Selbstgelöbnis, allen, die danach verlangen, die Wahrheit zu vermitteln, allen Wesen ohne Unterschied bei der Überwindung der Nichterkenntnis und Leidgebundenheit beizustehen und ihnen auf dem Wege zur Vollendung Pfadweiser und Helfer zu sein.

Er hilft ihnen, sich selbst zu helfen, indem sie gleich ihm den Weg tätiger Liebe und fortschreitender Selbstverwirklichung gehen.

III.

In diesem Lichte gesehen, sind alle Mystiker und Heiligen, Erleuchteten und Weltenlehrer *Bodhisattvas* – Mittler und Brückenbauer zwischen Mensch und Gott, deren Dasein, Wirken und Lehren unmittelbare Hilfe und Höherführung für unzählige bedeuten. So war auch *Krishna* ebenso ein Bodhisattva wie *Jesus,* der sein Leben für die Wahrheit hingab und gleichermaßen am Ende seines Erdenwandels sagen konnte: »Es ist vollbracht!«

Im Grunde ist das Bodhisattva-Ideal so alt wie die Menschheit. Es findet sich im Hinduismus und Parsismus ebenso wie im Mahayana-Buddhismus, im Zen wie im Taoismus, in der islamischen, jüdischen und christlichen Mystik.

Wer zum Beispiel die *Bhagavad Gita* in diesem

Licht sieht – als das ›Hohelied der Tat‹* und als Wegweisung auf dem Bodhisattva-Pfad – der folgt damit dem Lichtpfad Krishnas ebenso wie dem des Buddha, dem Wege Christi wie dem des Lao-Tse oder Plotin. Denn das Ziel ist immer das gleiche, *»daß sie alle eins seien – eins mit dem Einen!«*

Von Krishna, der im Hinduismus als Avatar – als göttliche Inkarnation – verehrt wird, zeigt die Bhagavad Gita, daß er alle Eigenschaften eines Bodhisattva in sich vereinigt: Höchste Weisheit und tiefstes Mitgefühl mit allem Leben und in seiner Kündung den Menschen – er spricht zu Ardjuna; *und jeder von uns ist Ardjuna!* – unmittelbar zur Selbsthilfe durch Selbst-Besinnung hinleitet...

... Wir können uns vorstellen, daß er damit den als Vishnu gefaßten Entschluß in seiner Inkarnation als Krishna in die Tat umsetzte, wie er es in Vers 7–8 des 4. Gesangs der Gita ausspricht. In der Bhagavad Gita wie in den anderen Belehrungen, die er den Menschen zuteil werden ließ, macht er den Weg zum Erwachen der Seele sichtbar.

Gleich ihm erfüllten alle Erleuchteten, die als Kinder des Göttlichen unter den Menschen weilten, in liebender Selbsthingabe das Gesetz des Opfers, damit die Menschheit Stufe um Stufe höhertragend, wie andererseits die Liebe, die sie den irrenden Menschen entgegenbrachten, ihr Echo in

---

** siehe hierzu auch das Buch »BHAGAVAD GITA – Das Hohelied der Tat« (Drei Eichen Verlag).*

der verehrungsvollen Hingabe fand und findet, die die Menschen ihnen entgegenbringen.

IV.

Vom Bodhisattva-Ideal des chinesischen Buddhismus führen Brücken zum Taoismus und Zen. *Tao* bedeutet ja zugleich bodhi (volle Erleuchtung) und Nirvana (die Stufe des Vollendet- und Entwordenseins), also der Buddhaschaft.

Teh-tao ist insofern gleichbedeutend mit dem Begriff des Bodhisattva, als es heißt, »jeder Mensch ist seinem innersten Wesenskern nach Teh-tao; ein auf volle Erleuchtung und Vollendung angelegtes Wesen, das sich, als potentieller Buddha oder Christus auf dem Wege fortschreitender Selbstverwirklichung und Gottunmittelbarkeit befindet. Es trägt die Gewißheit in sich, daß es von der Stufe bloßen Seins und Bewußtseins zur höheren Stufe des Überbewußtseins und Überseins des Nirvana emporsteigen wird, wie lang auch immer der Weg erscheinen mag...

Damit wird das Wesentliche sichtbar, um das es hier geht. Diese Hinweise wollen den Blick des Wahrheitssuchers nicht auf die Vergangenheit richten oder ihn an andere Wesen binden, sondern ihm bewußt machen, daß *er selbst* den Bodhisattva-Pfad beschreiten kann, daß es zum *Bodhisattva in ihm* – seinem eigenen göttlichen Selbst – zu erwachen gilt, um seinerseits ein bewußter Helfer und Höhenweiser für andere zu werden.

Diese Erkenntnis ist not-wendend, denn wenn wir auch alle Selbstbewußtsein haben, *Selbst-Bewußtheit* besitzen nur wenige! Dabei ist sie erst die unterste Stufe der Bodhisattvaschaft und noch lange kein Erwachtsein zum ›Gott in dir‹ und zum Einssein mit dem Einen. Dazu stecken wir alle noch zu tief im Samsara, im Kreislauf der Wiederkehr und sind noch zu weit entfernt von der Stufe des Krishna, Buddha oder Christus …

… Doch ist die ›Entfernung‹ weder eine räumliche noch eine zeitliche, sondern lediglich ein ›Noch-entfernt-Sein‹ vom eigenen Reif- und Erwachtsein zum *Herrn des Lichts* im Innern, vom Bewußtsein des Ahambrahmasmi – des Gewißseins: *»Mein Selbst und das göttliche All-Selbst sind eins«*, vom Bewußtwerden daß wir »Tempel Gottes sind und daß der Geist Gottes in uns wohnt«, wie Paulus es ausdrückte, oder vom Erwachen zum Teh-tao des östlichen Mystikers, das besagt: *»Alle Erleuchtung ist in mir; denn in mir ist der Herr des Lichts!«*

Dahin muß all unser menschliches Streben gehen: Zum inneren Licht zu erwachen, zum lebendigen Gott und damit zum Bewußtwerden unserer Bodhisattvaschaft, um so nicht nur der eigenen Erleuchtung und Befreiung, sondern aller Wesen zu dienen. Denn wer immer um Erleuchtung und Vollendung ringt, tut das nicht nur für sich, sondern zugleich für alle. Hier ist der Punkt, an dem sich Hinduismus, Buddhismus, Vedantismus und Taoismus, Zen, das Sufitum und Christentum berühren, wo das allen Religionen zugrunde liegende Gemeinsame sichtbar wird.

Die Lebenslehre der Bhagavad Gita

(1. Teil)
(Zu freien Ufern 04/68)

I.
Die Botschaft der Gita

Nebst der Bibel hat kein Werk der Weltliteratur eine so unveränderliche Verehrung gefunden, wie die Bhagavad Gita (im weiteren nur kurz *Gita* genannt), das Hohelied der Tat, das vom Wesen und Weg des Menschen zur Vollendung handelt und eine in sich geschlossene Lebens- und Weisheitslehre vermittelt, die nicht ohne Grund in Hunderten von Übertragungen einiger Dutzend Sprachen verbreitet sind.

Dem, der die Gita besinnlich liest, ergeht es wie dem Dichter und Übersetzer August Wilhelm von Schlegel, der den vermutlichen Verfasser des *Mahabharata* und damit auch der Gita, den alten Weisen Vyasa, mit den Worten ehrte:

»Bei den Brahmanen wird die Verehrung der Meister als heiliger Brauch betrachtet. Dir deshalb, der Du die Bhagavad Gita schriebst, durch dessen Orakel das Gemüt mit unvergänglicher Freude über diese erhabene ewige göttliche Lehre erfüllt wird – Dir rufe ich Heil zu und werde Dir immer zu Füßen liegen.« Diese Begeisterung ist verständlich, enthält die Gita doch weder abstrakte Philosophie noch blutleere Metaphysik, sondern eine Lebenslehre mit zeitlos gültigen Richtlinien für jedermann zur Entfaltung, Vervollkommnung und Meisterung seiner selbst und des Schicksals – vom Geiste her.

Ihre Weisheitslehre ist gewissermaßen die Quintessenz und Synthese aller positiv-dynamischen, lebenspraktischen, ethischen und tatreligiösen Wahrheiten, die dem Menschen auf dem steilen Pfad der Erleuchtung und Vollendung weiterhelfen. Ihre Botschaft ist die jeder Religion von der göttlichen Herkunft und Zukunft des inneren Menschen und seinem Weg zur Selbstverwirklichung und Gott-Unmittelbarkeit.

Gerade der abendländische Mensch, der die Notzeiten zweier Kriege durchlitt, ist für diese Botschaft heute besonders aufgeschlossen. So erklärt es sich, daß ein Religionsphilosoph und Sanskritkenner wie J. W. Hauer, der lange Jahre in Indien als christlicher Missionar tätig war, die Gita als eine Lehre des rechten Handelns in den Mittelpunkt der während des 3. Reiches von ihm geleiteten Glaubens-Bewegung stellte und seiner Überzeugung Ausdruck gab, daß *»die Bhagavad Gita nicht nur tiefe, für alle Zeiten und für alles religiöse Leben gültige Einsichten gibt, sondern auch die klassische Gestaltung einer der bedeutendsten Phasen der indogermanischen Glaubensgeschichte enthält. Sie vermittelt eine Lebensphilosophie, die mehr als jede andere dem Wesen des abendländischen Menschen entspricht.«*

Das ist – jenseits aller einseitigen politischen Wertung – dann richtig und universell gültig, wenn das Denken und Handeln allgemein-menschlich, ethisch, religiös und kosmisch orientiert ist, wie es die Gita lehrt.

Denn die Gita ist, als Ganzes gesehen ein Menschheitsbuch und als Lebensbuch eine Wegleitung zur geistigen Erneuerung und Wiedergeburt für jedermann – zum Erwachen der Seele, zu ihrer Erleuchtung und Wiedervereinigung mit ihrem göttlichen Ursprung und Kraftquell.

Je öfter man sie liest, desto tiefere Wahrheiten und Gewißheiten erschließen sich einem, und desto deutlicher wird einem die innere Einheit aller Religionen und die Gottunmittelbarkeit allen Lebens bewußt.

Lebendig und kraftweckend werden ihre Worte aber nur für den, der sie nicht nur liest, sondern in seinem eigenen Leben und Alltag in Taten umsetzt, um wie Ardjuna zur höchsten Erkenntnis und Freiheit zu gelangen.

II.
Weisheit der Gita

Äußerlich gesehen ist die Gita ein Teil des Heldenepos des *Mahabharata,* der den großen indischen Bruderkrieg schildert, vergleichbar etwa der *Ilias* von Homer, deren Beschreibungen des Kampfes um Troja mit den Wortfehden, Zweikämpfen und

Götterszenen ein Bild der damaligen Zeit vermitteln ...

... Aber schon die Tatsache, daß der Wagenlenker *Krishna* hier dem zagenden *Ardjuna* mitten in der Schlacht eine umfassende Lebenslehre in 700 Versen vorträgt, sollte deutlich machen, daß es sich hier nicht um ein zeitliches historisches Geschehen handelt, sondern um einen inneren, geistigen Vorgang, für den andere Zeitabläufe gelten, als für äußere Ereignisse.

Der Kampf, von dem die Gita kündet, ist der ewige Kampf des Geistes gegen die aus Nichterkenntnis geborenen Neigungen, Strebungen, Leidenschaften und Leiden des Ich.

Demgemäß wird das *Kuru-Feld* im ersten Vers der Gita – die historische Stätte des Kampfes der indischen Bruderstämme der Kurus und Pandus in der Nähe der heutigen Stadt Delhi – zugleich das *Dharma-Feld* genannt, d.h. das *Kampffeld des Lebens.* Es ist einerseits die irdische Daseins- und Entwicklungsschule der Geister, andererseits das menschliche Gemüt, in dem die positiven, lichten höheren Kräfte mit den negativen, dunklen, niederen Strebungen um die Vorherrschaft ringen und mit dem Sieg der lichten Mächte endet – mit dem Durchbruch vom menschlichen Bewußtsein zu kosmischer Bewußtheit; zu *Dharmameghasamadhi,* zum Einssein mit dem Einen, dem Brahman.

Es würde zu weit führen, hier die tiefe Symbolik der Gita im einzelnen aufzuzeigen und etwa darzulegen, daß auch die zu Beginn der Gita genannten Personen Verkörperungen der verschiedenen im Menschen wie im All miteinander ringenden Kräfte, Strebungen und Wesenheiten sind. Auch ohne diese Details leitet die Gita den nach ihr Lebenden auf dem Wege des Selbst-Erwachens zur Wirklichkeits-Erkenntnis und Daseinsmeisterung – aber nicht durch müßiges Betrachten, sondern durch aktives Handeln.

Die Lebenslehre der Bhagavad Gita

(2. Teil)
(Zu freien Ufern 06/68)

III.

Die Tat-Lehre der Gita

Die meisten Menschen schreiten äußerlich voran, treten aber geistig auf der Stelle, während es doch gilt, zuerst innerlich voranzuschreiten, weil der äußerliche Fortschritt dann von selbst nachfolgt.

Hier vermittelt die Gita eine zeitlos gültige Wegleitung rechten Lebens und Wirkens. Sie weckt die inneren Sinne des Menschen und macht ihn wach und aufgeschlossen für die primäre geistige Wirklichkeit, die tiefer reicht, als die äußere. Sie zeigt, wie man in der Welt lebt und seine Pflichten wesens-getreu erfüllt, ohne durch sein Wirken an die Welt gebunden und von ihr abhängig zu werden.

Der Kampf um das Königreich, von dem sie kündet, ist das universale Ringen um die Erkenntnis des Reiches Gottes, das in uns ist und um seine Verwirklichung auch nach außen hin – in der Welt, im täglichen Leben.

Das bedeutet, wie Krishna dem Ardjuna gleich eingangs bewußt macht, daß, auch wenn wir uns entschlossen haben, den Weg zur Vollendung zu gehen, der Lebenskampf weitergeht, den wir aber nun mit lichteren, siegverbürgenden Waffen führen.

Die Hinwendung zum Geist und zur göttlichen Wirklichkeit bedeutet also nicht schon das Ende des irdischen Ringens. Oft werden dadurch die negativen Kräfte und Wesensstrebungen erst recht auf den Plan gerufen, um erbitterten Widerstand zu leisten, um uns das Lichtstreben zu verleiden und das bequemere Weiterleben im genußorientierten Alltag verlockender erscheinen zu lassen.

Darum will Ardjuna angesichts der beginnenden Bruderschlacht entmutigt aufgeben, wie wir es ja auch angesichts sich auftürmender Schwierigkeiten, Leiden und Ängste manchmal am liebsten täten ... Aber Krishna, der Wagenlenker, das göttliche Selbst, ermahnt und ermutigt Ardjuna, durchzuhalten, seine Pflicht zu erfüllen und den unvermeidlichen Kampf tapfer und tätig durchzustehen, bis der Sieg errungen, die höhere Entwicklungsstufe erreicht ist ...

Diese Tat-Lehre ist der Kernpunkt der Gita.

Wissen, auch geistiges, esoterisches Wissen, das nicht zur Tat wird, ist wert- und fruchtlos. Ja, geistige Kräfte und Gaben, die nicht positiv betätigt werden, werden leicht unbewußt fehlgeschaltet und wenden sich dann gegen ihren Träger, lassen ihn versagen. Darum gilt es, Erkanntes positiv zu betätigen und unermüdlich tätig zu bleiben.

Alles Lichte und Göttliche hat für uns immer nur

soweit Strahlkraft und Wert, als wir seiner Gegenwart in uns handelnd bewußt sind, wie auch die Unvergänglichkeit unseres innersten Wesens für uns erst dann zu wirklichem Besitz wird, wenn wir aus dieser Gewißheit heraus leben.

Und wenn es uns bei unserem Lichtstreben manchmal scheinen will, als ob die Schwierigkeiten und Widerwärtigkeiten, die Angriffe der dunklen Mächte zunähmen, sollten wir erst recht durch unser unentwegtes Handeln und Weiterschreiten demonstrieren, daß wir gewiß sind, daß die Macht der lichten Kräfte in uns größer ist und auf unserem Wege zur Vollendung ständig zunimmt – um so rascher, je rückhaltloser wir der Hilfe und Führung von innen vertrauen und uns ihr überlassen.

In der irdischen Lebensschule – so belehrt uns die Gita – muß jedes Wesen unumgänglich *handeln.* Niemand kann sich dessen entziehen. Richtig handelt aber nur, wer sein Denken und Wünschen, Wollen und Tun von vornherein auf das Wesentliche, Höherführende, Geistig-Göttliche richtet und bei seinem Tun in Beruf und Alltag nicht an den Früchten seines Wirkens hängt, nicht nach dem Lohn, Gewinn oder Vorteil schielt, sondern das Gute um des Guten willen tut.

Statt von äußeren Beweggründen oder fremden Willen sollen wir uns von innen her leiten lassen, das als recht Erkannte in innerer Freiheit, im Einklang mit dem Willen unseres Selbstes und dadurch mit dem Willen des Geistes des Lebens tun.

Das bedeutet, daß wir bei unserem Erdenwirken dynamische Aktivität mit göttlicher Weisheit paaren. Dann werden wir durch unser Handeln nicht erneut gebunden, sondern gelöst – auch von karmischen Wirkungen früherer Taten, die ja weder durch Nichttun noch durch neue Taten, sondern allein durch gierfreies Wirken ohne Hinblick auf dessen Früchte aufgehoben werden, durch immer bewußteres Leben aus dem Geiste im Sinne des *»Nicht wie ich, sondern wie Du willst, Gott in mir!«*

Die Lebenslehre der Bhagavad Gita

(3. Teil)
(Zu freien Ufern 07/68)

IV.
Der Weg der Wiederkehr

Praktisch führen wir den Kampf, von dem die Gita spricht, alle zeitlebens – und nicht zum ersten Male. Wir setzen immer nur das fort, was wir in anderen Daseinsformen durchgefochten haben und werden dieses Ringen auch in kommenden Leben weiterführen.

… Aber unser gegenwärtiges Dasein kann – und sollte für alle Zukunft entscheidend werden, wenn wir, der Gita folgend, das Wesentliche erkennen und bewußt ansteuern und wenn wir dabei unser innerstes Selbst als unseren ewigen Partner und Führer erkennen, bejahen und uns von ihm leiten lassen.

Solange noch Daseinsdurst in uns lebendig ist, solange das angebotene Verlangen nach Selbstverwirklichung noch nicht restlos erfüllt ist, werden wir uns immer wieder von der irdischen oder einer anderen planetarischen oder kosmischen Lebensschule angezogen fühlen und unsere Lehrzeit und Entwicklung dort fortsetzen, wo wir sie im vorangegangenen Dasein abbrachen.

Unsere heutigen Lebensumstände entsprechen

exakt unserer, durch lange Zeiten entfalteten inneren Struktur, Tendenz und Entwicklungsreife. Jeder, sagt die Gita, befindet sich in der Umwelt, die seinem ganzen bisherigen Denken, Streben und Handeln entspricht. Eine Änderung dieser selbstgeschaffenen Bedingungen wird nur dadurch erreicht, daß er sein Denken, seine Gesinntheit und Haltung umstellt, also geistig umschaltet.

Das Gesetz der Wiederkehr beherrscht alles, was lebt. Wie die Regentropfen, die vom Himmel fallen, Wiederkehrer sind, die auf dem Weg vom Himmel zur Erde und von dieser zurück zum Himmel millionenfach folgten, wie die Blumen, die im Herbst verwelken, im Winter verschwinden und im Frühjahr wiederkehren, so kehrt der Mensch, wenn sein Körperkleid im Herbst seines Daseinskreises welkt und im Todeswinter vergeht, im Frühling des neuen Lebens zu erneutem Wachstum, Wirken und Reifen wieder...

Diese Entwicklung verläuft der Gita zufolge in spiralig höherführenden Kreisläufen von Werden, Vergehen und Wiedererstehen.

Man kann diese Kreisläufe pessimistisch als unentrinnbaren leidvollen Zwang werten. Man kann in ihnen aber mit dem gleichen Recht die ermutigende Tatsache erkennen, daß *nichts, was lebt, je zu sein aufhört:* Alles Lebendige wandelt nur immer wieder seine äußere Form. Wer lebt, war immer da und wird immer leben. Niemand kann aus dem Leben herausfallen. *Tod ist nur*

Wechsel der Form, Vergehen des Menschlichen an uns, während das Göttliche in uns immer wieder aufersteht und sich seinem ewigen Urquell Schritt um Schritt, von Dasein zu Dasein nähert.

Hierauf verweist Krishna, wenn er den zweifelnden und verzweifelten Ardjuna mahnt, die Wirklichkeit zu sehen: *»Es gab keine Zeit in der ich nicht war, noch wird je eine Zeit kommen, in der ich nicht bin.«*

Gleiches gilt von jedem Wesen, das sich zeitweise in ein Körperkleid hüllt, um in der irdischen Lebensschule seine schlummernden Kräfte und Fähigkeiten entfalten zu lernen und der Unvergänglichkeit seines Selbstes immer lebendiger bewußt zu werden.

Wer diese seine irdisch-kosmische Schulung und Vervollkommnung beschleunigen, den Kreislauf des Werdens, Vergehens und Neuwerdens abkürzen oder gar beenden möchte, wer – anders gesagt – über sein *Ich* hinauswachsen, seiner Gott-Kindschaft, seines ewigen Selbstes innewerden, seine latente Göttlichkeit aktivieren und verwirklichen möchte, der findet in der Gita die nötige Wegleitung in den Worten Krishnas:

»Wer im Herzen zu mir erfüllt ist, sich mir zuwendet, in mir seine Zuflucht sucht, der wird dem Kreislauf des Werdens und Vergehens enthoben und mit mir vereint.«

V.
Jeder ist Ardjuna

Alle Religionen und Weisheitslehren leiten den Wahrheitssucher zur Erkenntnis der *zweifachen Natur des Menschen,* die uns in der Gita als *Ardjuna* und *Krishna* personifiziert entgegentritt. In Wirklichkeit sind beide eins: Ardjuna ist der äußere, Krishna der innere Mensch.

Jeder von uns ist Ardjuna! Jeder steht mitten im Lebenskampf und Vollendungsringen, zwischen den feindlichen Heeren seiner niederen und höheren Kräfte und Strebungen. Jeder muß lernen, sich von Krishna, seinem innersten göttlichen Selbst belehren und leiten zu lassen, um über sich hinauszuwachsen und mit ihm eins zu werden.

Jeder von uns muß, wie Ardjuna, lernen, sich von den *Verwandten seines Ich* – dem Daseinsdurst, der Selbstsucht, den Leidenschaften, von Neid, Haß und Nichterkenntnis – zu lösen, die ihn immer wieder in den Strudel des Karma, der Schicksalsgebundenheit, ziehen. Und ebenso entschlossen muß er sich von den Tugenden der Liebe und Güte, des Vertrauens und der Hingabe, der Aufrichtigkeit und Lichtzugewandtheit zur Selbstbesinnung Selbstverwirklichung leiten lassen.

Wie Ardjuna, so werden auch wir den Kampf gegen alles Niedere, Unvollkommene an und in uns nur dann siegreich bestehen, wenn wir uns dem inneren Gott-Freund verbunden und verbündet wissen, seiner Hilfe allzeit gewiß bleiben und in diesem Sinne alles, was kommt, als von ihm gewollt allvertrauend entgegennehmen mit der zuversichtlichen Bejahung, daß es gut ist und unserem Bestreben dient.

Wir handeln recht, wenn wir uns allzeit als Ardjuna fühlen und uns vom ›Wagenlenker‹ Krishna, unserem inneren Führer und Helfer, an dunklen wie an hellen Tagen gottwärts geleitet wissen.

Die Lebenslehre der Bhagavad Gita

(4. Teil)
(Zu freien Ufern 09/68)

VI.
Krishna, das göttliche Selbst

Jedes Wesen ist seinem innersten Kern nach ein ewiger Funke aus dem göttlichen Urfeuer, ein Strahl aus dem flammenden Herzen der Gottheit. Es ist mit allen Kräften und Attributen der Gottheit ausgestattet mit der Aufgabe, sie im Laufe seiner äonenlangen Entwicklung immer vollendeter zu entfalten.

»Recht sieht, wer den Höchsten in sich selbst und in allem erkennt.« – Recht sieht, wer gewahr wird, daß in jedem von uns als lenkende Macht ein göttlicher Geist waltet – als innere Stimme, als unser Daimonion, als inneres Licht, als unseren inneren Helfer.

Hier, im Innersten, berühren wir die Wirklichkeit. Was wir um uns sehen, was unsere Sinne als ›Wirklichkeit‹ wahrnehmen, ist Maya – Illusion, Sinnentrug, Täuschung, ist flüchtig wie Nebel, unbeständig, immerfort in Wandlung begriffen und unwirklich – und ebenso alles, was daraus an Begierden, Leidenschaften und Leiden hervorgeht.

Zum Frei-Sein von diesem Selbsttrug und zur Wirklichkeit gelangt der Mensch, wenn er statt nach außen, nach innen blickt, seines innersten

Selbstes als Offenbarung des Göttlichen bewußt wird und alles mit lichten, erleuchteten Augen zu sehen lernt.

Was meint die Bibel anders mit ihrem Wort, daß »der Mensch nach dem Ebenbilde Gottes geschaffen wurde«, d.h. mit allen göttlichen Kräften und Anlagen ausgestattet ist, auch wenn er sie auf seinem bisherigen kurzen Evolutionswege noch kaum erkannt und entfaltet hat.

Wir sind aber alle auf dem Wege, uns aus den bisherigen ›alten‹ zu durchlichteten und erleuchteten ›neuen Menschen‹ zu entwickeln, wie es Paulus sieht, wenn er uns mahnt (Eph. 4): *»So legt nun ab den alten Menschen und erneuert euch im Geiste – und zieht den neuen Menschen an, der nach Gott geschaffen ist in Gerechtigkeit und Heiligkeit!«*

Paulus unterschied klar zwischen dem äußeren, leiblichen Menschen und den inneren, geistigen Menschen (1. Kor. 14, 47): *»Der erste ist von der Erde und irdisch; der andere ist der Herr vom Himmel«*, von dem er spricht als von einem *»Geheimnis, welches ist Christus in euch«* (Kol. 1, 27) ...

Unnötig, hier Parallelen aufzuzeigen, die in allen Religionen gleichermaßen wiederkehren.

VII.
Krishna als Bodhisattva

Im Mahabharata tritt Krishna sowohl als geschichtliche Persönlichkeit auf als auch als Inkarnation

Vishnus (= avatara), des altindischen Sonnengottes. Zugleich wird er mit dem Paramatman, dem All-Selbst oder Allgeist, gleichgesetzt, so daß er, wie Christus von sich selbst sagen kann: *»Ich und der Vater, mein Selbst und das All-Selbst, sind eins.«*

Krishna lehrt, daß die ihm eigene Göttlichkeit jedem Wesen als unverlierbare Anlage eigen ist und darum von jedem in gleicher Weise wie von ihm offenbart und verwirklicht werden kann.

Als Wegweiser zu solcher Gottunmittelbarkeit erscheint Krishna uns als einer jener unzähligen Bodhisattvas, die vor ihrer endgültigen Heimkehr ins Parabrahman, ins Reich Gottes, ins Nirvara – möglichst vielen Wesen auf ihrem Wege zur Vollendung als Lichthelfer dienen wollen und solange die eigene letzte Einswerdung mit dem Einen hintenanstellen.

Krishna selbst weist darauf hin, wenn er sich als Verkörperung Vishnus bezeichnet und betont, daß er schon viele Male aus Liebe zu den leidenden Wesen sich dem Geborenwerden unterwarf und als Erlöser inkarnierte.

Immer dann, wenn das Licht der Wahrheit in der Menschheit zu erlöschen droht und das Böse sich wuchernd erhebt, erscheine ich unter den Menschen, um den Lichtsuchern beizustehen, dem Wachstum des Bösen entgegenzustehen, das Gute zu mehren und das Welt-Entwicklungs- und -Vollendungs-Werk auf einer abermals höheren Stufe fortzusetzen und zu erneuern.

Darüber hinaus will er den Menschen ihrer jeweils höheren Entfaltungs- und Erkenntnisstufe gemäß, deutlicher als früher bewußt machen, wie das, was er ist, in jedem Wahrheitssucher in gleicher Weise zur Entfaltung gebracht wird – im Sinne des *»Tat-twam-asi«: Dieses, das Göttliche, ist dein eigen Selbst! Du bist es selbst!*

VIII.
Die Bahn zur Vollendung

Wer sich mit der Gita vertraut macht, der ist, ob er es schon spürt oder nicht, auf dem Wege – auf dem Wege zur Höhe, zur Vollendung, zur Gottunmittelbarkeit. Er ist in Bewegung geraten – und diese Bewegung wird ihn in spiraliger Bahn unaufhaltsam aufwärts führen. Zugleich wird er mit Mitwanderern in Berührung kommen, die entweder ihm voranhelfen oder denen er Helfer wird.

Frucht der Beschäftigung mit der Gita ist ein zunehmendes Wachwerden für die Wirklichkeit und eine gleichzeitige Erneuerung des ganzen Wesens, die sich vom Geiste her über die Seele bis in den Zellenstaat des Körpers segenbringend auswirkt und auch die Umwelt des Höhenwanderers durchlichtet, verfreundlicht und verwesentlicht.

Mehr und mehr sieht er in und hinter allem Geschehen die göttliche Kraft und steuernde Macht plan- und weisheitsvoll am Werke mit dem Ziel fortschreitender Vervollkommnung allen Lebens, an der er, der Mensch, immer bewußter teilhaben, immer aktiver und dynamischer mitwirken soll.

Mit dieser Entwicklung geht eine zunächst unmerkliche, später immer deutlicher fortschreitende Verfeinerung und Durchgeistigung auch der belebten Materie einher im Sinne einer stufenweisen Verwirklichung der Licht-, Kraft- und Wesensfülle des ›Reiches Gottes‹, das in uns ist.

Dem Tiefersehenden macht die Gita den allumspannenden kosmischen Werde- und Verwirklichungsplan und -prozeß bewußt, der auf unaufhörlich höherweisende Verwesentlichung und Vergöttlichung allen Lebens und Seins hinzielt, von der in unseren Tagen *Sri Aurobindo* und *Teilhard de Chardin* sprechen, letzterer in seiner Zentrologie: »Es ist der kosmische Weg vom unendlich Einfachen zum unendlich Komplexhaften, vom unendlich Kleinen zum unendlich Großen, von der kosmisch-materiellen Sphäre zur Biosphäre, von dieser zur Noosphäre oder Geistsphäre und von dort zum zentralen *Punkt Omega*, zum metakosmischen All-Einsseins mit dem All-Einen.«

IX.
Erwachen der Seele

Was die Gita dem Wahrheitssucher bewußt machen will ist, daß das göttliche Licht ewig im Seelengrund flammt und leuchtet wie in jedem Wesen, daß die innere Lichtwerdung und Erleuchtung in jedem Wesen Wirklichkeit werden will.

Jedes Wesen ist auf dieses Erwachen der Seele, auf fortschreitende Selbstverwirklichung, Erleuchtung und Vollendung angelegt – einerlei, wie lange es beim Einzelnen dauert, bis dieses Hochziel erreicht ist...

...Es hängt von der freien Entscheidung des einzelnen ab, wann er den Ich-Wahn, den Trug des Beschränktseins auf seine vergängliche körperliche, ›persönliche Erscheinung‹ überwindet und seiner unvergänglichen einmaligen Individualität seines göttlichen Selbst, und damit der universalen Weite und kosmischen Freiheit bewußt wird – und sich zu jenen ewig beleuchteten Gipfeln göttlicher Allbewußtheit erhebt, von denen der Mystiker Angelus Silesius kündet:

»Soll ich mein letztes End'
und meinen Anfang finden,
So muß ich mich in Gott
und Gott in mir ergründen,
Muß werden, was Er ist:
Ich muß mein Schein im Schein,
Ein Wort im Wort,
Gott in der Gottheit sein!«

X.
Aufgang des Innenlichts

Im noch nach außen gerichteten unerleuchteten Weltmenschen schlummert das göttliche Bewußtsein. Im nach innen gerichteten, erleuchteten Menschen ist es erwacht.

Der zu dieser kosmischen Bewußtheit Erwachte ist nicht mehr ein marionettenhaft Bewegter und Getriebener im Schulungsspiel des Daseins, sondern ein sich aus sich selbst Bewegender geworden, bis er schließlich, nicht mehr auftretend, die Daseinsbühne verläßt, die Stufe des unbewegten Zuschauers erreicht und vom Wandel der Welt und der Dinge nicht mehr berührt und ergriffen wird ...

... Noch auf Erden lebend, ist er zum bewußten Bewohner der Lichtwelt geworden, Bürger und Teilhaber des Reiches Gottes.

Als sich am Innenhimmel seiner Seele die göttliche Sonne erhob, vertrieb sie die Wolken des Karma, so daß der Lichtgewordene schicksallos wurde. Er hat die Notwendigkeit der Wiederkehr aufgehoben, kann sich aber aus freiem Entschluß wiederverkörpern, um, wie ein Bodhisattva, unzähligen anderen, noch unerwachten Wesen als Wegweiser zur Erleuchtung zu dienen und auch ihnen bewußt zu machen, was ihm gewiß ward: »daß der Aufgang des Lichtes im Inneren, der Durchbruch vom Ich-Bewußtsein zu kosmischer Bewußtheit, die Vorstufe der schließlichen Einswerdung mit dem Geist des Lebens ist, der nach dem jeweiligen Wachheitsgrad als Brahma, Allah, Jehova oder Gott erfahren und erkannt wird – oder als metakosmisches Brahman, Tao oder Nirwana verborgen und unerkennbar bleibt.

Friedfertigkeit

(Zu freien Ufern 10/68)

Wer das Ertragen und Vertragen übt, wird vom Himmel getragen. Der stark sich Dünkende, aus Dünkel Ungefällige ver-fällt und wird ge-fällt.

Wer, sich für vollkommen und stark haltend, unfriedfertig handelt, wird vom Schicksal abgefertigt und verworfen – und geht unter.

Wie Wohlwollen Willigkeit weckt und Wohlstand bewirkt, so wecken Gewalt und Waffen Widerstand, Abwehr und Weh.

Wer friedfertig lebt und der Gewalt nicht bedarf, ist auf dem Wege zur Weisheit und stiftet Frieden. Wo Weise herrschen, ist die Welt ohne Waffen.

Während dem Streitenden alles streitig gemacht wird, wird der Friedfertige streitlos mit allem fertig. Nicht fechtend, bleibt er unangefochten. Was den Gewalttätigen überwältigt, das zwingt er ohne Zwang.

Auf den unteren Lebenssufen strebt der Mensch nach dem Machthaben; auf den höheren lernt er, seiner selbst mächtig zu sein und der Macht seines Geistes zu folgen.

Die Uttara Gita

(Zu freien Ufern 11/68)

Wer die *Bhagavad Gita* kennt, hat auch schon von der *Uttara Gita,* dem ›*späteren Lied*‹ gehört, das im VI. Buch des großen indischen Heldenepos des *Mahabharata,* auf die Bhagavad Gita folgt und die Unterweisung des Ardjuna durch Krishna fortsetzt.

Man hat die Uttara Gita als Weiterführung der Bhagavad Gita und Darlegung der Einweihung Ardjunas durch Krishna bezeichnet. Tatsächlich aber wiederholt sie, von zeitbedingtem Beiwerk abgesehen, nur die Tat-Lehre der Bhagavad Gita, mit der verglichen sie nur kurz ist. Ihre drei Kapitel weisen keine Gliederung auf, so daß es für ihr Verständnis am besten ist, ihre Kerngedanken vom Weg der Vollendung in der Reihenfolge des Originals hier in freier Wiedergabe folgen zu lassen.

I.

Nach der Schlacht auf dem Kuru-Feld hat Ardjuna im Trubel der Siegesfeiern manches von dem vergessen, was Krishna, der innere Gottfreund, ihm während des Kampfes bewußt gemacht hatte. Darum bittet er Krishna, ihn nochmals in die Geheimnisse der göttlichen Weisheit einzuweihen:

»Lehre mich, o Krishna, die Erkenntnis Gottes,

der weiselos und wandelfrei ist – unvergleichbarer, unerkennbarer Urquell der Wirklichkeit.

Führe mich zur Erkenntnis des Absoluten, zum Reich ewigen Friedens und Einsseins, zur Lichtregion des ursachlosen Urgrunds des Universums.

Leite mich zum Innewerden dessen, der in aller Herzen als Einheit von Erkenner, Erkenntnis und Erkanntem, als das ewige All-Selbst lebendig gegenwärtig ist!«

Krishna lobt Ardjuna seiner Frage wegen:

»Du bist auf dem Wege zur Erleuchtung, da aus Deiner Frage das Verlangen nach Wirklichkeitserkennen spricht. Höre darum, was ich Dir künde:

Der Allgeist verharrt in jenem Zustand der Abgeschiedenheit in dem Sein und Erscheinung die Unoffenbartheit des Absoluten (Brahman) und die universelle Selbstoffenbarung (Brahma) eins sind.

Der Wahrheitssucher, der seinen Geist in der Meditation auf diese Einheit gesammelt hält, ist dem Ewigen nah. Er gelangt über die Einswerdung von Ich und Selbst zur Erkenntnis der Einheit von Selbst und Allselbst.

Diese Einheit ist höhere Seins-Bewußtseins-Seligkeit, in der die Ewigkeit hinter der Zeit, das Unoffenbare hinter allem Gewordenen und Gewirkten erfahren wird, in der das menschliche Bewußtsein sich ins Kosmische weitet und alles Sein als im Innersten mit dem Einen geeint erkannt wird.

Glücklich der Lichtsucher, der seinen Erkenntnisdurst mit dem Nektar der Gottesweisheit stillt!

Er erhebt sich aus der Bewußtseinsnacht der Haft-Sucht, aus dem Kreislauf der Wiederkehr und wird karmafrei schicksallos.

Sein Herz ist auf den Ewigen gerichtet, Shiva, die höchste Wirklichkeit jenseits aller Wandlungen, wenn sein Geist – frei von der Wankelmütigkeit des Ich und des Körpers – unbewegt in sich selber ruht.

Zum Frieden des Gemüts und zur göttlichen Weisheit erwacht, gelangt er über alle Meditation und Kontemplation hinaus, zur Einheit mit dem göttlichen Selbst.

Wie man, um einen Fluß zu überqueren, ein Boot braucht, aber einmal auf der anderen Seite angelangt, des Fahrzeugs nicht mehr bedarf, wie man zum Finden von Verlorenem in einem dunklen Raum ein Licht benötigt, das Licht aber, wenn der Gegenstand gefunden ist, beiseite stellt, so erübrigen sich Yoga und Meditation, sowie Erleuchtung erlangt ist. Selbst der Weisheit der Veden bedarf der nicht mehr, der zur Selbst- und Gotterkenntnis fand.

Wie sein Selbst, obwohl im Körper gegenwärtig, von keiner Veränderung des Leibes berührt wird und durch nichts Vergängliches gefesselt oder begrenzt werden kann, so thront das All-Selbst der Geist der Welten, ungesehen und unerkannt im Innersten seines Herzens.

Wer dessen bewußt und mit dem All-Selbst eins ist, hat Samadhi erlangt und ist frei von dem, was die Wesen an die Körperwelt bindet.«

II. + III.

Ardjuna fragt:

»Woran, o Krishna, erkennt man, daß jemand, der den Ewigen als den Weltgeist erkannt hat, mit ihm eins ist?«

Krishna antwortet:

»Wie Wasser mit Wasser und Milch mit Milch eins ist, so das Selbst mit dem All-Selbst.

Wer mit ungeteilter Hingabe nach Einswerdung strebt, wird im Augenblick seines Selbst-Erwachens des göttlichen Lichts inne.

Wenn der Erkennende mit dem Erkannten, der Erleuchtete mit dem Innenlicht eins ist, bedarf es keiner Beweise mehr.

Er weiß dann, daß, wie die Kühe zwar von verschiedener Farbe sind, ihre Milch aber immer weiß ist, das göttliche Selbst in allen Wesen, unbeschadet ihrer verschiedenen Körperform, das gleiche ist: das All-Selbst, das er selbst ist.

Er ist zur Gewißheit des Ahambrahmasmi erwacht: Ich bin das Brahman! Ich bin meinem innersten Wesen nach das göttliche Selbst, der Geist des Alls!

Was kann den noch locken und täuschen, der das Höchste in sich weiß, der sich mit dem Höchsten eins weiß?

Aber wie der Esel, der eine Fuhre Sandelholz trägt, nur die Last empfindet, aber nichts vom Wert des Sandelholzes weiß, so erkennt der geistig noch

Unerwachte sich nicht als Träger des göttlichen Selbstes.

Oder wie der leiblich Blinde die Sonne nicht sieht, obwohl sie die ganze Welt erleuchtet, so sieht der geistig Blinde nicht das immerfort strahlende Licht der Gottheit.
Es wird nur von dem geschaut, der seines eigenen Lichtes inne ward, zur Erleuchtung fand, selbst ein Leuchtender ward.

Wer dazu gelangt, weiß sich dem Zwielicht und der Zwieheit wie dem Zwang der Wiederkehr im Kreislauf des Weltenwerdens und Weltenvergehens enthoben und jenseits aller Gewordenheit eins mit dem Einen.«

Soweit der Text der Uttara Gita. Für den, der mit der Tat-Lehre der Bhagavad-Gita vertraut ist, ist er eine Bestätigung der bereits erkannten ewigen Wahrheiten und ein weiterer Ansporn, wie Parcival dem Weg zur Vollendung zu folgen, um an dessen Ende licht und frei geworden, Helfer und Befreier auch für seine Mitgeschöpfe zu werden.

Beide – Bhagavad-Gita und Uttara-Gita – sehen im Menschen den Weltenwanderer, der alle Klassen der kosmischen Daseinsschule durchschreitet, um seine schlummernde Göttlichkeit stufenweise zu entfalten und damit zugleich die Macht des Geistes über die Materie zu demonstrieren und die Körperwelt zu durchgeistigen – beginnend mit der Durchlichtung des Leibes und dessen Umwandlung in einen lebendigen Tempel des schöpferischen Geistes, durch den sich das Selbst immer vollkommener offenbaren und verwirklichen kann.

Beide verkünden die Größe und göttliche Schönheit des menschlichen Geistes. Ihre Lebenslehre hat unzählige Wahrheitssucher zum Erwachen der Seele und zu den Höhen kosmischer Bewußtheit und daseinsüberlegenen Gottmenschentums geführt.

Das ist von entscheidender Bedeutung, denn was wir gemeinhin im Alltag vorhaben und wirken, tun wir zumeist nicht aus uns selbst – aus der Freiheit unseres göttlichen Selbstes – sondern als vom Daseinsdurst, von Begierden, Wünschen und Willensstrebungen *Getriebene*, also unfreie Menschen. Eben darum ruft die Gita jedem von uns zu:

»Wache auf, Erkenne dich selbst! Erkenne dein Selbst als den unzerstörbaren Träger göttlicher Kraft und Weisheit und ewigen Lebens! Erkenne und betätige die Überlegenheit deines Geistes über Dasein und Umwelt!

Werde dir bewußt, daß Leben Wirken heißt und daß rechtes Leben Wirken ohne Bindung ist: Laß den Geist in dir, den inneren Gottfreund und Führer durch dich wirken!

Bejahe ich selbst als den allwissenden, allmächtigen, glückseligen, ewig leuchtenden Funken Gottes! Sei du selbst – ein bewußter Träger göttlicher Machtfülle und Weisheit! Verwirkliche dich selbst!«

Wer diesem Ruf folgt, der richtet sein Denken und Wirken auf das Göttliche hin und macht es damit schöpferisch und karmalos, weil es dann nicht mehr Wirken des gierenden Ich's ist, sondern des göttlichen Selbstes.

Wer so wirkt, wirbelt keinen Staub mehr auf, hinterläßt keine Schicksalsspuren, löst keine Leidfolgen aus. Wo aber noch Bindung besteht, ist der letzte Schritt vom Schein zur Wirklichkeit noch nicht vollzogen, noch keine Erleuchtung erlangt. Das ist erst dann der Fall, wenn das Ich zum Selbst geworden ist und man wie Paulus bekennen kann: *»Ich lebe; doch nun nicht ich, sondern Christus lebt in mir!«*

Die lebensbejahende und zugleich auf das höchste Vollendungsziel gerichtete *dynamische Tat-Lehre der Gita* macht sie nicht nur für den Menschen des Ostens, sondern auch und gerade für den abendländischen Menschen so wertvoll und anziehend. Denn sie hilft ihm, die ihm eigene Aktivität in die rechte Bahn zu lenken; weg von der unfrei machenden äußeren Betriebsamkeit und Geschäftigkeit und hin zum wahrhaft segenbringenden schöpferischen Wirken aus dem Selbst.

In dieser Tat-Lehre ist nichts zu spüren von Lebensmüdigkeit, von schwächlichem Verzicht, von Armsündertum, depressiver Selbstunterschätzung und pessimistischer Passivität, sondern hier wird mutige Geist- und Kraftbewußtheit geweckt, freudige Selbstgewißheit und siegbejahende Lebensüberlegenheit.

Darum hat die Gita – und hier ist wieder vor allem die *Bhagavad-Gita* gemeint – nicht nur die Völker Indiens auf ihrem Weg durch die Zeiten geleitet, sondern auch die Großen des Abendlandes angezogen und begeistert, Männer wie v. Humboldt und Schlegel, Romain Rolland und Graf Keyserling und viele andere, nicht zuletzt den großen amerikanischen Verkünder eines neuen Denkens, Ralph Waldo Emerson, der die Gita so verehrte, daß er sie ständig bei der Hand hatte und sich von ihrem Gedankenreichtum und ihren geistigen Impulsen inspirieren ließ.

Graf Keyserling nennt in seinem Reisetagebuch die Bhagavad-Gita das größte philosophische Gedicht der Weltliteratur – vor allem wohl auch deshalb, weil sie nicht blinden Glauben fordert, sondern das Lichtsehnen und Erkenntnisvermögen des Menschen anspricht und aktiviert.

Aber eben dadurch führt sie weit über den Rahmen philosophischen Denkens hinaus zum inneren Licht, zur Erleuchtung, zu göttlicher Weisheit oder Theosophie im ursprünglichen Sinne dieses Wortes. Sie ist also mehr als ein *philosophisches Gedicht*, nämlich eine universal-religiöse Wegleitung zur Vollendung des Menschen, zum Durchbruch vom menschlichen zum göttlichen Bewußtsein. Sie ist, so gesehen, ein Führer zur Heimkehr aus der Zweiheit zur lichten Einheit mit dem

Göttlichen, zur Avatarschaft oder Bodhisattvaschaft...

Was die Gita den Weg des *Dharma* nennt ist eigentlich der *Weg rechten Denkens, Lebens und Wirkens* – aus dem innersten Selbst und das heißt in Harmonie mit dem Unendlichen im Geiste der Einheit mit dem Einen – also nicht als ›Dharmadasa‹, als giergeborene Pflichtfron und Arbeitssklaverei, sondern als frei-schöpferischer Weg zu ›Dharmameghasamadhi‹; zur Allfreiheit durch Gottunmittelbarkeit.

Wer auf diesem Wege zu sich selbst gelangt, zum inneren Licht erwacht, der weiß sich zugleich mit allen Menschen fern und nah, in allen Völkern und Kulturen und mit allen Wesen in den kosmischen Lebensreichen innerlich eins – durch den gleichen Einen Geist in allen und über allem.

So ist die Gita, als das *Hohelied der Tat*, zugleich das *Hohelied der Einheit;* der geistigen Einheit aller durch das gemeinsame göttliche Licht im Wesensgrund, von dem Johannes treffend sagte, daß es »alle Menschen erleuchtet, die in diese Welt kommen«, auch wenn die Welt es nicht kennt und die Finsternis es nicht begreift, solange sie sich nicht dem Licht öffnet und hellsichtig wird für die göttliche Wirklichkeit und das Ewige Leben hinter dem vergänglichen Dasein.

Als das Hohelied der Einheit und als zeitlose Lehre von der göttlichen Kraft im Menschen kann die Gita als Evangelium, als *Botschaft des neuen*

Zeitalters angesehen werden, an dessen Anfängen wir heute bereits stehen.

Möge sie von immer mehr Menschen so verstanden werden; dann wird in der Menschheit mit dem Geist der Kraft zugleich der Geist der Einheit erwachen und ihr den Weg ebnen in eine von uns allen ersehnte und allen gewisse lichtere Zukunft.

Lebenskunst

(Zu freien Ufern 11/68)

Das unterscheidet den Pessimisten vom Optimisten: Dieser erreicht meist ohne Mühe, was der erstere mit allen Mühen nicht erlangt.

Statt bei jeder Gelegenheit eine Schwierigkeit zu sehen, erkennt er in jeder Schwierigkeit eine Gelegenheit, seine Kräfte zu bewähren.

Wie wir uns werten, so werden wir. Wie unser Gedankenkraftfeld, so ist unser Lebenskampffeld.

Wer falsch denkt, verfälscht sein Lebensglück. Je vollkommener hingegen die Gedanken, die geistigen Matrizen, desto vollendeter formt sich danach die äußere Wirklichkeit.

Darum ist der Ziel-Wissende dem Viel-Wissenden überlegen. Besser als vieles zu wissen ist, sich des Einen gewiß zu sein.

Warum scheitert der Ungescheite? Weil sein Wesen und Wollen nicht auf *ein* Ziel sammelt, sondern auf vieles gerichtet ist – sich zer-splittert ...

Gescheit sein heißt die Scheite des Denkens und Wollens zu einer geschlossenen Einheit zusammenzubündeln und *eines gelassen ganz* tun. Gelassen! – Denn jede Übertreibung macht den Treibenden zu einem Getriebenen.

Das einzige Maß, das uns angemessen ist, ist das Maß des Alls. Was darunter ist, verleitet zum Unter- oder Übermaß: Zur Selbstunter- oder -überschätzung oder zur Anmaßung. Mit Blick auf die Welt bedeutet das: Zur Maßlosigkeit oder Vermessenheit; im Blick auf die Wesen: zur Unterscheidung und Entzweiung statt zu Gemeinsamkeit und Einheit.

Darum die Mahnung des Weisen, dem All gleich alles mit gleicher Liebe zu durchdringen, nicht den einen mit Vorliebe, den anderen mit Unliebe zu begegnen, nicht sich nach den einen auszurichten und die anderen zu richten, sondern alle gleichermaßen aufzurichten und ihnen ein aufrichtiger Halt zu sein.

Ralph-Waldo Trine als Lebenslehrer

(Zu freien Ufern 12/68)

»Jede große Idee, die als Evangelium in die Welt tritt ist den pedantischen Geistern ein Ärgernis und den Viel- und Leichtgebildeten eine Torheit« sagte Goethe. Denn sie ist, wie Humboldt ergänzt *»nur dem inneren Blick erkennbar«* und wird darum anfangs nur von einer Minderheit erfaßt und genützt, die erkannt hat, daß *»die Idee wo sie zum Leben durchdringt, eine unermeßliche Kraft und Stärke gibt«* und geahnte Vollkommenheiten in Wirklichkeiten verwandeln hilft.

Erst nach einem mehr oder minder großen Zeitraum tritt eine Idee aus dem Stadium der Einzelverwirklichung in das der allgemeinen Anerkennung und Realisierung und beginnt dann eine Kettenreaktion verwandter Ideen und Tat-Impulse zur Auslösung zu bringen.

Die positive Idee der Lebensbemeisterung von innen her – durch bewußte Betätigung der Macht der Gedanken und der Dynamik das Glaubens – wurde vor über einem Jahrhundert in den Herzen einiger großer Männer geboren und fand zunächst manche Ablehnung und nur wenige Bekenner. In die zweite Phase ihrer allgemeinen Durchsetzung und Verwirklichung trat sie erst vor wenigen Jahrzehnten – und ihre eigentliche Blütezeit liegt noch in der Zukunft.

Über ein Jahrhundert ist es her, seitdem der

größte Denker Amerikas, Ralph Waldo Emerson (1803–1882), die geistige Erneuerungsbewegung des Transzendentalismus begründete – eine Parallelbewegung zum Deutschen Idealismus eines Fichte, Goethe, Schelling, Kant und Schiller, jedoch ganz lebenspraktisch ausgerichtet und von einem zukunftsgläubigen Real-Optimismus getragen.

Um jene Zeit, als diese Bewegung entstand, wurde Ralph Waldo Trine (sprich: Trein) geboren – 1866, der sich in der Folgezeit zu ihrem populärsten Verkünder und Lehrer entwickelte.

Daß gerade Trine durch seine in alle Kultursprachen übersetzten und zu Millionen verbreiteten Lebensbücher unzähligen Menschen half, durch Entfaltung der in ihnen angelegten positiven schöpferischen Kräfte ihr Leben gesund, reich und glücklich zu gestalten, rührt, wie das Philosophen-Lexikon (v. Ziegenfuß-Jung, Bd. II) hervorhebt, daher, daß *»Trine sich zur Aufgabe machte, die Gesetze der inneren geistigen Kräfte so einfach zu fassen, daß sie jedes Kind begreifen und jeder Erwachsene sein tägliches Leben danach bilden kann.«*

Daß diese neue Idee auch bei uns im deutschen Sprachbereich einen ständig wachsenden Freundeskreis gewann, ist vornehmlich dem Übersetzer der Trineschen Lebensbücher, Max Christlieb (1862–1913), zu danken, der als evangelischer Pfarrer in Baden und Tokio, später als Bibliothekar in Marburg und an der Berliner Universität wirkte und sich als Übersetzer und Förderer der Werke von Trine, Marden und Leavitt bleibende Verdienste erwarb. Er bejahte die dem Geiste Emersons entsprungene positive Verbindung von Idealismus und Realismus zu einem neuen dynamischen Real-Idealismus als Kennzeichen der Trineschen Lebenslehre:

»Unbekümmert um alle literarischen philosophischen und religiösen Traditionen geht er vom Einfachsten und Nächstliegenden aus, um von dort die höchsten Höhen der Gedanken zu erklimmen ... Im Munde Trines nehmen die einfachsten Wahrheiten eine ganz neue reale Bedeutung an: Daß der Geist auf den Körper wirkt, daß Gedanken Kräfte sind, führt er so drastisch aus, daß der Gegensatz von Materialismus und Idealismus völlig überwunden ist; und alles ist darauf angelegt, den Menschen nicht nur körperlich gesund, stark und leistungsfähig, sondern auch geistig klar und sittlich groß zu machen. Trine ist überzeugt, daß diesen ›neuen Gedanken‹ die Zukunft gehört.«

Heute stehen wir in der zweiten Phase der Ausbreitung und Verwirklichung der neuen Gedanken. Und da dürfte es an der Zeit sein, Trine im heutigen Schrifttum über positive Lebensgestaltung einen Ehrenplatz einzuräumen.

Dies geschieht in den zwischenzeitlich vorliegenden Ausgaben der beiden Trine-Breviere*, die bisher schon ungemein viele Leser gefunden haben. Erfreulicherweise, denn was nützen die schönsten Ideen, wenn sie nicht zu lebendiger Wirksamkeit gebracht, in Taten verwandelt werden. Erst wer gelernt hat, richtig zu denken und recht zu leben, erfährt und weiß, daß der Gedanke die mächtigste Kraft ist, durch deren rechte Anwendung er sich selbst und sein Leben von Grund auf zu durchlichten, zu erneuern und auch seinen Mitwanderern auf dem Wege zur Wahrheit, zur Entfaltung schlummernder seelisch-geistiger Kräfte und damit zu innerem und äußerem Wachstum und Aufstieg zu verhelfen vermag.

Für alle, die noch nicht um diese Kräfte und Möglichkeiten wissen, ist Trine der berufene Höhenweiser, und zwar bis hinauf zu den Gipfeln geistig-religiöser Wirklichkeits-Erfahrung. Denn das Christentum, zu dem Trine sich bekennt, ist praktisches Tat-Christentum – und zugleich jenes johanneische vergeistigte Christentum, das der Mystik nahesteht und gegenüber allen Glaubensformen und Religionen duldsam ist, weil es – im Geiste der Einheit – den Blick auf das Gemeinsame und Verbindende richtet, sich nicht um theologische Haarspaltereien kümmert, sondern auf unmittelbarer praktischer Erfahrung und von jedermann erlangbarer Gewißheit gründet.

Gerade diese Gewißheit steter Gegenwart der göttlichen Wesenheit und Kraft im Seeleninnersten ist es, die die Meisterung des Lebens von innen her gewährleistet.

Wer um die innere Kraft, das innere Licht, die

göttliche Sonne im Seelengrund weiß, der strahlt Licht und Liebe aus und empfängt im Wege der Rückstrahlung von überall Freude und Förderung. Er sieht sich mitten im Alltag in einer Welt ewigen Wachstums und fortschrittlicher Selbstvollendung und Selbstverwirklichung. Er weiß sich geleitet vom unendlichen Geist des Lebens – dem unausschöpfbaren Quell aller Kraft, Gesundheit und Harmonie, Weisheit und Freude.

Möge diese Kraft die Herzen aller erfüllen, entflammen und lichtwärts leiten, die Trines Worte in ihrem Denken und Leben zu ihrem eigenen Segen befolgen.

---

* siehe hierzu die Bücher »Sonne im Alltag« und »So meistern wir das Leben« (heute »Meister im Leben«) von Ralph Waldo Trine, erschienen im Engelhorn Verlag. Die kartonierte Lizenzausgabe erscheint im Drei Eichen Verlag.

Weitere lieferbare Bücher von K. O. Schmidt:

Bhagavad Gita – Das hohe Lied der Tat.
148 Seiten, kartoniert

Brücken der Einheit von Ost und West – Ramakrishna, Vivekananda und Omkar als Lehrer eines neuen Denkens, 144 Seiten, kartoniert

Das Abendländische Totenbuch (Bd. I) – Und der Tod wird nicht mehr sein
264 Seiten, Efalin gebunden

Das Abendländische Totenbuch (Bd. II) – Wir leben nicht nur einmal
432 Seiten, Efalin gebunden

Der kosmische Weg der Menschheit – Im Wassermann-Zeitalter
120 Seiten, kartoniert

Der Rosenkreuzer-Weg zur Selbstverwirklichung – Sei du selbst
172 Seiten, kartoniert

Die Goldene Regel – Das Gesetz der Fülle
87 Seiten, kartoniert

Die Religion der Bergpredigt – Grundlage rechten Lebens
200 Seiten, Efalin gebunden

Dreistufenweg zum Gral
72 Seiten, kartoniert

Du bist begabter als du ahnst – Anleitung zur Entfaltung latenter Talente
216 Seiten, kartoniert

Erfolgsdynamik – Der Schlüssel zum Glück
256 Seiten, kartoniert

INSPIRATION – Geheimnis, Sinn und Erfahrung – Ein Mabel-Collins-Brevier, 96 Seiten, kartoniert

In Dir ist das Licht – Vom Ich-Bewußtsein zum kosmischen Bewußtsein, Leben und Lehren von 49 Mystikern, 392 Seiten, Efalin gebunden

In Harmonie mit dem Schicksal – Wege zu neuem Menschentum
188 Seiten, kartoniert

Kinder des Kosmos – Friedrich von Schillers »Theosophie des Julius«
112 Seiten, kartoniert

Kraft durch Atmen – Einführung in die Praxis des bewußten Vollatmens,
108 Seiten, kartoniert

Lebe bewußt – Die Lehre vom Tao
96 Seiten, kartoniert

Macht der Mütter – Wege zu ihrer Verwirklichung
124 Seiten, kartoniert

Mehr Macht über Leib und Leben – Wegweiser zu geistiger Selbsthilfe
128 Seiten, kartoniert

Meister Eckeharts Weg zum kosmischen Bewußtsein – Ein Brevier praktischer Mystik, 204 Seiten, Efalin gebunden

Selbsterkenntnis durch Yogapraxis – Patanjali und die Yoga-Sutras
160 Seiten, kartoniert

Seneca – Der Lebensmeister
120 Seiten, kartoniert

So heilt der Geist – Wesen und Dynamik des geistigen Heilens
288 Seiten, kartoniert

Tao Teh King – Wegweisung zur Wirklichkeit
224 Seiten, Efalin gebunden

Thomas-Evangelium – Geheime Herren – Worte frühchristlicher Handschriften, 240 Seiten, Efalin gebunden

Universale Religion nach Vivekananda – Werden, Wesen, Wollen und Verwirklichung, 88 Seiten, kartoniert

Vorgeburtliche Erziehung – Kleinkind-Erziehung, Ehegestaltung
196 Seiten, kartoniert

Was ist Theosophie? – Wesen und Mystik der Theosophie, Ein Franz-Hartmann-Brevier, 136 Seiten, kartoniert

Wege zum Glück – Magie im Alltag
96 Seiten, kartoniert

Der Weg zur Vollendung durch Konzentration und Kontemplation
316 Seiten, Efalin gebunden

Wie konzentriere ich mich? – Konzentration leicht gemacht
124 Seiten kartoniert

Weihestunden der Seele – Herzgedanken für jeden Tag des Jahres, von J. F. Finck, Fra Tiberianus, J. C. Lavater und K. O. Schmidt, 384 Seiten, Efalin gebunden

Wunder der Willenskraft – Eine Willensschule für jedermann
232 Seiten, kartoniert

DREI EICHEN VERLAG